PINYIN
ANNOTATED EDITION

林书豪

JEREMY LIN

新亚裔传奇

2ND EDITION

Grace Wu

CHENG & TSUI

Boston

For Tony, Andrew, and James

20 19 18 17 16 15   1 2 3 4 5 6 7 8 9 10

Second Edition with *Pinyin* Annotation 2016

Published by
Cheng & Tsui Company
25 West Street
Boston, MA 02111-1213 USA
Fax (617) 426-3669
www.cheng-tsui.com "Bringing Asia to the World"™

ISBN 978-1-62291-111-0 Second Edition with *Pinyin* Annotation
ISBN 978-1-62291-112-7 Second Edition with no *Pinyin* Annotation

Cover photo © 2010 Christian Naventi. Used by permission.

Library of Congress Cataloging-in-Publication Data

Cataloging-in-publication data is available for this title

Printed in the United States of America

❖ 目录 ❖

Contents

Foreword to the Second Edition

It is my distinct pleasure to write this Foreword for Grace Wu's *Chinese Biographies* series that is being published by Cheng & Tsui. To see these books now being edited by my esteemed colleague is truly a cause for joy.

I applaud the use of orthographically correct *pinyin* annotation — with spacing for word separation and proper punctuation—above every Chinese word in the original version.

Due to its success, it is satisfying to see this series now available in a new Second Edition in both a no-*pinyin* version and a *pinyin*-annotated version for different teaching and learning styles.

The subject matter of the first six volumes has been well chosen: the biographies of Lang Lang, Yao Ming, Vera Wang, Jay Chou, Jeremy Lin, and Ang Lee. They will prove attractive to students from junior high school through college, and even adults who are learning Chinese will find them valuable.

May this be the beginning of a long-lasting and flourishing series of biographies featuring a wide range of figures in science, sport, education, the arts, public life, and other fields of endeavor. I am sure that the Cheng & Tsui *Chinese Biographies* series edited by Grace Wu will be warmly welcomed by students and teachers alike, and that they will benefit greatly from these excellent, well-conceived readers.

Victor H. Mair
Professor of Chinese Language and Literature
University of Pennsylvania

About the Author

Grace Wu is Senior Lecturer in Foreign Languages in the Department of East Asian Languages and Civilizations at the University of Pennsylvania, specializing in Chinese literacy and Chinese character teaching. Currently, Ms. Wu is the Chinese Reading and Writing Course Coordinator. The *Chinese Biographies* series won First Place in the 2012 Grants Showcase Competition. The project was also designated SAS Best Grant Project of 2012.

Preface to the Second Edition

Cheng & Tsui's *Chinese Biographies* series consists of Chinese learning materials targeted toward high school and college students. One of the most challenging aspects of learning Chinese is mastering the skills of reading and writing. Extensive reading practice is the best way to improve Chinese reading ability, fluency, and word usage, but there is a shortage of reading materials specifically geared toward learning Chinese. In the United States, students typically learn colloquial Chinese (口语) and are rarely exposed to more formal written language (书面语). The goal of this series is twofold: to serve as a useful teaching resource for educators, and to provide engaging leisure reading material for students, either with *pinyin* in the book or separately on the companion website. This series targets students at the advanced-beginner to low-intermediate levels of proficiency, or with knowledge of approximately 1,000–2,000 vocabulary words, and whose Chinese speaking skills are comparatively stronger than their Chinese reading skills.

This series includes special features designed for maximum educational effectiveness, such as:

1. Chinese characters accompanied by *pinyin*

As mentioned above, improving Chinese reading skills requires considerable practice, but students may be intimidated by the absence of *pinyin* in many Chinese reading texts. Displaying Chinese characters and *pinyin* together decreases student anxiety and allows the student to overcome this challenge. In the past, most publications have paired Chinese characters with *pinyin* equivalents at the character level (for example, 汽车 is paired with *qì chē*). But by using recently developed software, this series matches Chinese characters with *pinyin* at the word level, a more linguistically accurate practice. For example, 汽车 is paired with *qìchē*, which more precisely matches the syntax of the Chinese. This distinction is especially important for learning Chinese, and also facilitates student interpretation of the text by helping students to develop skills in discerning word boundaries and sentence structure.

Consistent *pinyin* annotation also has the advantage of being easily adaptable for students at different proficiency levels. By isolating *pinyin* by word throughout the book, we have made it easy for students to look up words they have not encountered before, and customize the reading experience to their own proficiency level. Since *pinyin* is provided together with Chinese characters, there is only minimal disruption to the experience of continuous reading. With this flexibility built in, the books are appropriate for students from many different backgrounds—heritage speakers developing their reading skills, as well as learners of Chinese as a foreign language.

For those who prefer reading without *pinyin* annotation, this Second Edition has a separate version without it.

2. Simple, easy-to-understand Chinese with content suitable for American students

Beginner-level Chinese reading materials published in mainland China, Taiwan, Hong Kong, and Singapore primarily contain fairy tales, fables, historical stories, or stories about the origins of Chinese idioms. However, these stories can be less suitable for students raised outside Chinese-speaking areas, who may not be as familiar with the underlying historical and cultural background. Lang Lang and Yao Ming, the subjects of the first two biographies in this series, are two well-known figures in American society. Both were born in China but developed their careers in the United States and are popular internationally. Students will be able to compare American and Chinese cultures through reading their life stories, and may also empathize with Lang Lang and Yao Ming regarding the challenges of being a young person in America. Jay Chou is known as Asia's King of Pop. By learning about his life and music, students will be encouraged to think about and discuss the differences between their own cultural backgrounds and the traditional Chinese values expressed in his lyrics. Vera Wang is not only well-known in America, but she is especially popular among the younger generation. The story of a successful businesswoman who manages to balance family and career is one that many students will find inspiring. Jeremy Lin, a Harvard graduate who was drafted into the NBA, shares a remarkable and inspiring story, too. Over the course of many setbacks, he finally realized his dreams in 2012. Finally, Ang Lee, the 2006 and 2013 winner of the Academy Award for Best Director, has not only built a great reputation in Hollywood, but has directed movies that resonate with a global audience. With his films, he bridges the gap between Eastern and Western culture, and gets people to think about the important things in life.

Reading comprehension requires sufficient background knowledge as well as word recognition. By reading about topics that are interesting and familiar to them, American students can increase their engagement and confidence in their Chinese reading skills.

3. Learning resources online and in the book

This series is also accompanied by a companion website at **cheng-tsui.com/chinesebiographies** that includes vocabulary lists, interactive exercises, audio recordings, English translations, *pinyin* scripts, teaching resources, and more. Teachers can adapt these resources to the particular needs of their students and classrooms. This series includes both printed and online components for two reasons:

to flexibly meet the different needs of diverse readers, and to keep the printed materials slim and affordable.

Online materials include true/false questions, multiple choice questions, and crossword puzzles for further practice to improve grammar and vocabulary. The exercises are located online in the hope that students can immerse themselves in the reading experience and follow the plot of the story with minimal interruption. These exercises can also serve as a template for teachers to design classroom activities or students to engage in additional independent study.

Each chapter in the book includes pre-reading questions designed to facilitate brainstorming and discussion. The post-reading questions in each chapter are intended to delve deeper into cultural discussions; young people who grew up in the United States can articulate their opinions and compare their experiences. As teachers, we should encourage our students' capacity for critical thinking, even though their language skills may be basic.

My hope is that these books will not only provide enjoyment and interest to the process of learning the Chinese language, but also foster students' appreciation of contemporary figures who have contributed to world culture in many different spheres. The ability to comprehend reading materials independently is an important and exciting stage of learning a language. What better way to exercise this skill than to learn about these notable figures, who overcame so many obstacles in developing their own exceptional talents?

Grace Wu
University of Pennsylvania
2015

第二版前言

剑桥出版社的"人物传记：中文拼音辅助读本系列"是针对在美国长大的青少年所设计的辅助中文学习教材。学习中文的最大难处，除了四声音调之外，就在读写。然而，要使阅读能力进步的方法就是通过大量的阅读来提高阅读水平，流利程度和用词遣字。在美国，由于缺乏专门为中文学习者编写的中文泛读教材，学生在学习中文的过程中，主要以学习"口语"的教科书为主，学习"书面语"的环境则相对不足。本系列的拼音辅助版本旨在设计一套老师方便使用，也能引发学生自行阅读的中文拼音读本。这套教材主要面向已拥有1000到2000词汇量的初级和中级中文学习者，特别是已有普通话口语基础，而中文阅读水平不足的学生。

本系列的特点如下：

1. 汉字和汉语拼音并列

如上述，阅读水平的提高要通过大量的阅读。然而，对中文这种非拼音文字而言，如果学习者识字不多，如何能进行阅读呢？汉字和拼音的并列提供了解决的方式，使阅读者能有效率地进行阅读。在过去，大部分汉字和拼音并列材料是汉字和拼音一对一的排列，而本系列最大的特点之一，即是利用最新开发的软件，根据汉语拼音正词法正确地标注拼音。正确的拼音正词法对汉语学习者尤其重要。比如，以"qìchē"来代表"汽车"。如果"qì chē"两个拼音分开，对学生而言，可能有不同的理解。透过使用汉语拼音正词法学习词汇，进而到句子，段落和故事篇章是本系列一大特色。

对于不希望有拼音注音的老师，本系列的第二版也有无拼音注音的课本。

2. 使用浅易的文字（浅语），内容适合美国青少年的心智程度

在中国大陆、台湾、香港、新加坡所出版的"浅语"中文读物中，大多数属于童话故事、动物故事、历史故事或成语故事。对美国青少年而言，一则，与其心智程度不符。再则，此类读物对其历史背景和民情风俗不够了解。本系列第一册"郎朗"和第二册"姚明"都是在美国家喻户晓的人物。他们都是在中国出生，来美国发展并走向世界的佼佼者。通过他们的故事，学生能看到中美文化的不同，并从他们在美国成长奋斗的过程中产生共鸣。第三册"周杰伦"被喻为亚洲流行天王，透过了解他的生平与创作歌曲，学生得以自发性地将自身的文化背景与歌词中流露出的中

国传统核心价值相比较。我希望透过强烈的对比，引发课堂上讨论的动机和对文化差异的思考。第四册王薇薇"，一来，她是美国家喻户晓的人物，也是年轻人关注的对象。二来，我希望学生们看到一位成功女性如何在家庭和事业之间维持平衡。在此系列加入第五册"林书豪"：打进NBA的哈佛毕业生，他的故事精彩又振奋人心，在经过一次又一次的失败挫折后，在2012年抓住机会，终于美梦成真。第六册"李安"：2006和2013年奥斯卡金像奖最佳导演，他的影片不但成功打进好莱坞，同时也在全球热卖。他是一个游走在中西文化中的电影大师，引导观众去思考人生的价值。

由于阅读除了文字以外，还需要相当成分的背景知识，因此选择美国学生熟悉，喜欢的题材更能提高学习的兴趣和阅读的自信心。

3. 网络辅助资源

本系列阅读教材搭配免费配套网站 (cheng-tsui.com/chinesebiographies)，提供学生生词表、录音、练习题、课文英语翻译、拼音脚本和课堂建议活动等教学资源。教师可以根据学生不同的需要和课堂活动做调整。本系列辅助读本之所以分书面和网络两大部分的目的是 1）适合不同需求的读者，2）降低出版成本，进而降低书费，减轻学生负担。

读本的每一章有阅读前讨论问题，老师可以和学生进行脑力激荡。对于阅读后的理解问题，老师则可以和学生进行更深层次的文化讨论。除此之外，我们将是非、选择和字谜等练习题放在网络上，希望学生在阅读时能持续不中断，随着故事的情节享受阅读的乐趣。同时，这些美国学生喜欢的练习形式可以帮助老师设计课堂活动或学生自行练习。

我期望这系列的辅助教材不但可以增进学生阅读中文的乐趣，也可以从这些当代人物身上看到他们对世界不同文化的贡献。对学生来说，独立地阅读和理解对学习语言非常重要。藉着阅读名人传记看到他们克服困难，迈向成功的同时，学生将可以进一步提升中文的阅读能力。

Grace Wu

University of Pennsylvania

2015 年

Acknowledgments

I would like to thank Professor Victor Mair of the East Asian Languages and Civilizations Department at the University of Pennsylvania for his tireless advocacy of the use of *pinyin* alongside Chinese characters as a pedagogical tool, and for his expertise and guidance in bringing this project to fruition.

During the process of collecting materials, I received SAS Language Teaching Innovation Grants and an SAS Teaching Relief Award from the University of Pennsylvania. My special thanks go out to Dr. Mien-hwa Chiang, Dr. Maiheng Dietrich, Dr. Christina Frei, Dr. Dixon, Ms. Lada Vassilieva, and all of my colleagues at Penn for their constant encouragement. Thanks to their continued confidence in and strong support of my work, the *Chinese Biographies* series won first place in the 2012 Penn School of Arts and Sciences grants showcase competition.

I am indebted to Jill Cheng, Bing Wang, and Lei Wang at Cheng & Tsui for their expertise and guidance, and to Zhanqing Liu for her careful attention to the copy editing of these books.

I would also like to thank Ms. Yinqiu Ma, Ms. Zhiping Yi and Ms. Fang Song from the Inter-University Program at Tsinghua University, and Ms. Yi Li, Ms. Yaoyan Zhou, and Ms. Qi Wang at the University of Pennsylvania for their work on the grammar exercises and audio files on the companion website. Last, but certainly not least, my thanks go to my team of assistants—Ms. Yi Li, Mr. Ryan Ye, and Ms. Jian Liu— for their diligent work and patience in editing and providing technical assistance throughout the development of these books.

Dì yī zhāng

第一章

1

Jīhuì   zǒngshì   liúgěi   yǒu   zhǔnbèi   de   rén
❖ 机会 总是 留给 有 准备 的 人 ❖

Opportunities Come to Those Who Prepare

阅读 前 讨论题：

....

1. ❖ Nǐ zhīdào Lín Shūháo (Jeremy Lin) shì shéi ma? Nǐ kànguò
你 知道 林 书豪 (Jeremy Lin) 是 谁 吗? 你 看过

tā de bǐsài ma? Rúguǒ méiyǒu, qǐng shàngwǎng chá zīliào bìng
他 的 比赛 吗? 如果 没有，请 上网 查 资料 并

fēnxiǎng nǐ chádào de zīliào.
分享 你 查到 的 资料。

Do you know who Jeremy Lin is? Have you ever seen him play? If you have not, please do some research online, and share what you have found out.

2. ❖ Nǐ tīngguò ("Lín lái fēng") ma?
你 听过 "Linsanity" ("林来疯") 吗?

Nà shì shénme yìsi?
那 是 什么 意思?

Have you ever heard of "Linsanity"? What does it mean?

3. ❖ Nǐ rènwéi "jīhuì zǒngshì liúgěi yǒu zhǔnbèi de rén" ma?
你 认为 "机会 总是 留给 有 准备 的 人" 吗?

Wèishénme? Qǐng nǐ jǔ gè lìzi.
为什么? 请 你 举 个 例子。

Do you believe that opportunities are for people who are ready to take them? Why? Provide an example.

"Lín Shūháo bìngfēi yīyèchéngmíng, tā yǐjīng zhǔnbèi duōshí,
"林书豪 并非 一夜成名，他 已经 准备 多时，

zhǐshì kǔ wú jīhuì. Nǔlì bùhuì báifèi, jīhuì zǒngshì liúgěi
只是 苦无 机会。努力 不会 白费，机会 总是 留给

yǒu zhǔnbèi de rén."
有 准备 的 人。"

Měiguó jiàoyù bùzhǎng: Dèngkěn
—— 美国 教育 部长：邓肯

Arne Duncan, United States Secretary of Education

nián yuè hào shì "Hāfó xiǎozi" Lín Shūháo shēngmìng zhōng de
2012 年 2 月 4 号 是 "哈佛 小子" 林书豪 生命 中 的

zhuǎnzhédiǎn. Niǔyuē Níkèsīduì yīnwèi liǎng dà
turning point
转折点。NBA 纽约 尼克斯队 (New York Knicks) 因为 两 大

zhǔlì qiúyuán bùnéng shàngchǎng, hào Lín Shūháo tìbǔ shàngchǎng
substitute
主力 球员 不能 上场，17 号 林 书豪 替补 上场

chāoguò fēnzhōng, zài duìkàng Xīnzéxī Lánwǎngduì
sink
超过 36 分钟，在 对抗 新泽西 篮网队 (New Jersey Nets)

shí dédào fēn, cì zhùgōng, gè lánbǎn, cì qiǎngduàn. Niǔyuē
assists *rebound* *steal*
时 得到 25 分、7 次 助攻、5 个 篮板、2 次 抢断。纽约

Níkèsīduì zài liánxù shū qiú de qíngkuàng xià, zuìzhōng yǐ bǐ fēn
尼克斯队 在 连续 输 球 的 情况 下，最终 以 99 比 92 分

dǎbài Xīnzéxī Lánwǎngduì.
New Jersey Nets
After continuously losing games, the
NY Knicks finally beat the NJ Nets
99 to 92.
打败 新泽西 篮网队。

林书豪这位长期坐冷板凳的篮球员从这

一天起开始受到教练、队友和对手的注意。虽然

林书豪是个从高中、大学到NBA期间一直不断地

被低估、被放弃的无名小卒，但是，他不但不

放弃，并且把握机会，靠着出众的球技、充分的

准备，带领纽约尼克斯队打出几场胜战。

接着，在2月7日尼克斯队和爵士队(Utah Jazz)的比赛

中，林书豪得到首发机会，出场44分52秒，17投10

中，得到28分、8次助攻、2个篮板。接下来的比赛，

一场比一场精彩。2012年2月11日，林书豪在纽约

麦迪逊花园广场(Madison Square Garden)对抗洛杉矶

湖人队(Los Angeles Lakers)时，他拿下38分和7个助攻，

超过了NBA篮坛超级明星科比·布莱恩特(Kobe Bryant)。

林书豪4场首发得到109分，这是NBA自1977年以来

de zuì jiā jìlù.　　　　Lín Shūháo kàozhe zhìhuì,　　jìshù hé xīnxīn zài

的 最 佳 纪录。林 书 豪 靠着 智慧、技术 和 信心 在

dàfàngguāngcǎi.　　Tā chāoyuèle　　　Àifúsēn　　　　　　chāoyuèle

NBA 大放光彩。他 超越了 艾弗森 (Allen Iverson)，超越了

Àoní'ěr　　　　　　chāoyuèle Màikè'ěr　Qiáodān.

奥尼尔 (Shaquille O'Neal)，超越了迈克尔·乔丹 (Michael Jordan)。

Tóngshí,　Lín Shūháo hái zài bùduàn chāoyuè hé shuāxīn Níkèsīduì　　　de

同时，林 书 豪 还 在 不断 超越 和 刷新 尼克斯队 的

gè xiàng jìlù.　　Tā zhèyàng chūsè de biǎoxiàn,　　jūrán yīzài bèi bùtóng

各 项 纪录。他 这样 出色 的 表现，居然 一再 被 不同

de qiúduì,　　jiàoliàn hūlüè.　　Níkèsīduì　zǒngjiàoliàn Dàidōngní

的 球队、教练 忽略。尼克斯队 总教练 戴东尼 (D'Antoni)

shènzhì gǎntàn shuō:　　　"Yī gè　réncái jìngrán bèi máimò zhème jiǔ,

甚 至 感叹 说："一 个 人才 竟然 被 埋没 这么 久，

zhēn shì　bùkěsīyì,　　　nányǐ xiǎngxiàng."

真 是 不可思议，难以 想象。"

Lín Shūháo de kuàisù cuànhóng, bùjǐn zài Měiguó de méitǐ

林 书 豪 的 快速 窜红，不仅 在 美国 的 媒体

chéngle rèdiǎn, zài Zhōngguó dàlù,　Táiwān, Xiānggǎng hé Xīnjiāpō yě dōushì

成了热点，在中国大陆、台湾、香港和新加坡也都是

xīnwén de jiāodiǎn.　Suīrán tā kànqǐlái xiàng shì yīxībàohóng, qíshí

新闻 的 焦点。虽然 他 看起来 像 是 一夕暴红，其实

zhè　yīqiè dōu shì tā yòng chángjiǔ de nǔlì hé jiānchí huàn lái de.

这 一切 都 是 他 用 长久 的 努力 和 坚持 换来 的。

Tā de lánqiú zhī lù qíshí zǒu de hěn màncháng, zǒu de hěn

他 的 篮球 之 路 其实 走 得 很 漫长，走 得 很

xīnkǔ.　Tā yuànyì wèile mèngxiǎng jiānchíbùxiè.　Jiù xiàng tā shuō de,

辛苦。他 愿意 为了 梦想 坚持不懈。就 像 他 说 的，

"我 从小 就 想 打 篮球，我 知道 会 遇到 很 多 困难，但是 这 是 我 的 选择。" 林 书豪 的 故事 之 所以 让 很 多 人 产生 共鸣，正 是 因为 他 不是 平步青云 的 成功者。他 一路 走来 很 坎坷，遭遇 歧视，不 被 人 尊重。他 的 经历 更 像 一个 普通 人。

林 书豪 的 成功 给 很 多 年轻人 树立了 一 个 好 榜样。一 个 人 的 成功 除了 来自 自身 的 努力，也 要 有 面对 困难 永不 低头 的 乐观 态度。从 他 的 故事 中，年轻人 可以 知道，只要 你 有 梦想，永不 放弃，你 会 发现 自己 有 无限 的 进步 空间，机会 总是 留给 有 准备 的 人。

Yuèdú hòu lǐjiě   tǎolùntí
阅读 后 理解 讨论题

....

Níkèsīduì   qián zǒngjiàoliàn Dàidōngní shènzhì gǎntàn shuō:

1. ❖ 尼克斯队 前 总教练 戴东尼 甚至 感叹 说:

"Yī gè réncái jìngrán bèi máimò zhème jiǔ, zhēnshì bùkěsīyì,

"一个 人才 竟然 被 埋没 这么 久, 真是 不可思议,

nányǐ xiǎngxiàng." Lín Shūháo chángqī bèi qiúduì,   jiàoliàn hūlüè de

难以 想象。" 林书豪 长期 被 球队、教练 忽略 的

yuányīn shì shénme?

原因 是 什么?

The former head coach of the Knicks, Coach D'Antoni, even exclaimed, "It's incredible and unbelievable how this talent was hidden for such a long time!" What was the reason for Jeremy Lin being continuously ignored by teams and coaches?

1. 林书豪开始受到教练、队友和对手的注意是因为他以
   99 比分打败 LA Laker

林书豪开始受到教练、队友和对手的注意是因为他以 99 比 92 分打败(da bai)洛杉矶湖人队(luo shan ji hu ren dui - LA). **F**

林书豪懂得如何(ru he - how it is)在球场上把握机会(ba wo ji hui - seize opportunity)并带领队伍(dai ling dui wu - lead the team) 赢(ying - win) 得比赛。 **T**

因为林书豪是一个被低估(bei di gu - underestimated)和放弃(fang qi - abandoned)的无名小卒(wu ming xiao zu - nobody), 所以他能带领纽约尼克队打,胜战(sheng zhan - victory)完全在于运气好(luck)。 **F**

林书豪的成功, 并不是一蹴而就的, 而是用长久的努力和坚持(jian chi - persevere)换来的。 **T**

一个人想要成功, 就要付(fu - pay)出辛勤(xin qin - hard work)的努力以及拥有一个积极向上永(ji ji xiang shang yong - positive)不低头的态度(tai du - attitude),才能进步。 **T**

True.

2. ❖ Yībān Měiguórén duì Yàyì nánxìng de kèbǎnyìnxiàng shì shénme?
一般 美国人 对 亚裔 男性 的 刻板印象 是 什么？

Duì fēiyì nánxìng ne? Duì Hǎoláiwū yǐngxīng ne? Duì Jiāzhōurén
对 非裔 男性 呢？ 对 好莱坞 影星 呢？ 对 加州人

ne? Duì Niǔyuērén ne? Duì Chángchūnténg xuéxiào de
呢？ 对 纽约人 呢？ 对 常春藤 (Ivy League) 学校 的

xuéshēng ne? Nǐ rènwéi yào zěnmeyàng cái néng dǎpò yībānrén de
学生 呢？ 你 认为 要 怎么样 才 能 打破 一般人 的

"kèbǎnyìnxiàng?"
"刻板印象？"

What are some of the stereotypes that Americans might have of Asian males? Of African-American males? Of Hollywood stars? Of Californians? Of New Yorkers? Of Ivy League students? How do you think people can break stereotypes?

 Please visit www.cheng-tsui.com/chinesebiographies for audio files, vocabulary lists, comprehension exercises, and more!

Dì èr zhāng

第二章

2

Gāozhōng hé Hāfó shíqī

❖ 高中 和 哈佛 时期 ❖

High School and Harvard

....

1. ❖
Nǐ zài nǎ'er chūshēng, zhǎngdà? Nǐ zài jiālǐ páiháng dì jǐ?
你 在 哪儿 出生、长大？ 你 在 家里 排行 第几？

Qǐng nǐ tántán nǐ xiǎoshíhou cháng hé jiārén yīqǐ jìnxíng
请 你 谈谈 你 小时候 常 和 家人 一起 进行

de huódòng.
的 活动。

Where were you born, and where did you grow up? Which child are you at home? (Youngest, oldest, middle, etc.) What activities did you do with your family when you were young?

2. ❖
Nǐ bàba māma yǒu shénme àihào?
你 爸爸 妈妈 有 什么 爱好？

Tāmen de mèngxiǎng shì shénme?
他们 的 梦想 是 什么？

What are your parents' hobbies? What are their dreams?

3. ❖
Nǐ zài gāozhōng de shíhou, cānjiāguò shénme kèwài huódòng?
你 在 高中 的 时候，参加过 什么 课外 活动？

Měi xīngqī huā duōshǎo shíjiān?
每 星期 花 多少 时间？

When you were in high school, what extracurricular activities did you participate in? How much time did you spend on these activities per week?

4. ❖ Nǐ kǎo dàxué de dì yī zhìyuàn shì nǎ gè xuéxiào?
你 考 大学 的 第 一 志愿 是 哪 个 学校？

Wèishénme? Nǐ xuǎnzé dàxué shí, kǎolù xiē shénme yīnsù?
为什么？ 你 选择 大学 时，考虑 些 什么 因素？

When you were applying to college, which one was your first choice? Why? When you were choosing colleges, which factors did you consider?

"Yīzhí yǐlái, wǒ cóngwèi huànxiǎng Shūháo huì zài dàxué,
I never dreamed
"一直 以来，我 从未 幻想 书豪 会 在 大学，

gèng biéshuō shì lánqiú zuìgāo diàntáng bǐsài, wǒ zhǐshì
hall
更 别说 是 篮球 最高 殿堂 NBA 比赛，我 只是

dānchún kàn tā dǎ qiú, wǒ yǐ tā wéi róng, tā shì wǒ
simple *I am proud of him*
单纯 看 他 打 球，我 以 他 为 荣，他 是 我

shēngmìng zhōng de jīngxǐ. Dāng tā zhàn zài chǎngshàng de shíhou,
surprise
生命 中 的 惊喜。当 他 站 在 场上 的 时候，

wǒ niánqīng shí de mèng jiù yǐjīng chéng zhēn le."
come true.
我 年轻 时 的 梦 就 已经 成 真 了。"

Lín Shūháo de fùqīn, Lín Jìmíng
—— 林 书豪 的 父亲，林 继明

Lín Shūháo nián yuè rì chūshēng yú Měiguó Jiāzhōu de
林 书豪 1988 年 8 月 23 日 出生 于 美国 加州 的

Pàlā'ātú
lies in
Pàlā'ātú wèiyú Jiùjīnshān
帕拉阿图 (Palo Alto)。帕拉阿图 位于 旧金山 (San Francisco)

dōngnánfāng, lí Jiùjīnshān yuē yīnglǐ. Zhùmíng de Sītǎnfú Dàxué

东南方,离 旧金山 约 37 英里。著名 的 斯坦福 大学

jiù zuòluò zài zhè'er. Sītǎnfú shì Měiguó zhùmíng de sīlì

(Stanford) 就 坐落 在 这儿。斯坦福 是 美国 著名 的 私立

dàxué, yě shì shìjiè shàng zuì jiéchū de yánjiūxíng dàxué zhī yī.

大学, 也 是 世界 上 最 杰出 的 研究型 大学 之 一。

Guīgǔ zhùmíng de kējì gōngsī Gǔgē hé Huìpǔ

硅谷 (Silicon Valley) 著名 的 科技 公司 谷歌 (Google) 和 惠普

de zǒngbù yě dōu shèlì zài zhèlǐ.

(Hewlett Packard) 的 总部 也 都 设立 在 这里。

Lín Shūháo de lánqiú qǐméng hěn zǎo. Tā de fùqīn Lín Jìmíng hé

林 书豪的 篮球 启蒙 很 早。他 的 父亲 林 继明 和

mǔqīn Wú Xìnxìn dōu shì láizì Táiwān de yímín. Tāmen dōu zài

母亲 吴 信信 都 是 来自 台湾 的 移民。他们 都 在

Táiwān chūshēng, hòulái zài Měiguó Pǔdù Dàxué rènshi,

台湾 出生,后来 在 美国 普渡 大学 (Purdue) 认识、

jiéhūn. Lín Jìmíng shì Táiwān Zhānghuà xiàn rén, tā de zǔxiān

结婚。林 继明 是 台湾 彰化 县 人,他 的 祖先

sānbǎi nián qián láizì Fújiàn Zhāngzhōu, jīnglìguò Rìběn tǒngzhìguò de

三百 年 前 来自 福建 漳州,经历过 日本 统治过 的

Táiwān, suǒyǐ Lín Shūháo de zǔfù shènzhì néng shuō liúlì de Rìyǔ.

台湾,所以 林 书豪的 祖父 甚至 能 说 流利 的 日语。

Fùqīn yú nián láidào Měiguó liúxué bìyè hòu, liú zài Měiguó

父亲 于 1977 年 来到 美国 留学 毕业 后,留 在 美国

gōngzuò bìng qǔdé Měiguó gōngmín shēnfèn.

工作 并 取得 美国 公民 身份。

Lín Jìmíng shì gè lánqiúmí, tā shuō tā dāngchū lái Měiguó de
林 继明 是 个 篮球迷, 他 说 他 当初 来 美国 的

fan *early*

mùdì, yī shì gōngdú bóshì, èr shì kàn Lín Jìmíng yǒu sān
目的, 一 是 攻读 博士, 二 是 看 NBA。 林继明 有 三

study to be a doctor

gè érzi, Lín Shūháo páiháng dì èr. Lín Shūháo hé gēgē Lín Shūyǎ,
个 儿子, 林书豪 排行 第二。 林书豪 和 哥哥 林书雅、

ranking

dìdì Lín Shūwěi sān gè rén shòu fùqīn yǐngxiǎng cóngxiǎo jiù hěn xǐhuān dǎ
弟弟 林书伟 三 个 人 受 父亲 影响 从小 就 很 喜欢 打

lánqiú. Lín Shūháo zài liù suì shí jiù kěyǐ bǎ qiú yùn de fēicháng
篮球。 林书豪 在 六 岁 时 就 可以 把 球 运 得 非常

transport

liúchàng. Lìngwài, tāmen yě chángcháng zài diànshì lǐ kànwán Màikè
流畅。 另外, 他们 也 常常 在 电视 里 看完 麦克

smoothly

Qiáodān dǎ qiú hòu, jiù pǎo dào hòuyuàn qù liàn qiú. Māma guǎnjiào sān gè
乔丹 打球 后, 就 跑 到 后院 去 练球。 妈妈 管教 三 个

háizi zuì yǒuxiào de chéngfá jiùshì bù zhǔn tāmen dǎ qiú. Rán'ér,
孩子 最 有效 的 惩罚 就是 不 准 他们 打 球。 然而,

punishment

Lín Jìmíng méiyǒu cóngxiǎo kèyì péiyǎng háizi, "Wǒ zhǐshì juéde
林 继明 没有 从小 刻意 培养 孩子, "我 只是 觉得

deliberately

dǎ lánqiú hěn hǎowán, lánqiú shì wǒmen jiātíng tónglè de huódòng."
打 篮球 很 好玩, 篮球 是 我们 家庭 同乐 的 活动"。

activity

Děng sān gè érzi jiātíng zuòyè wánchéng hòu, tā jiù hé tāmen
等 三 个 儿子 家庭 作业 完成 后, 他 就 和 他们

yīqǐ xiān zuò lánqiú jīchǔ yùndòng, zài lái èr duì èr, xiǎngshòu
一起 先 做 篮球 基础 运动, 再来 二 对 二, 享受

basic

yī zhōu sān cì, yī cì fēnzhōng de měihǎo lánqiú shíguāng.
一 周 三 次、 一 次 90分钟 的 美好 篮球 时光。

time

林书豪在读帕拉阿图高中时候就很出名。他带领帕拉阿图高中赢得二级分区的加州冠军，还被选为北加州二级分区年度最佳球员。ESPN的记者丹娜·奥尼尔 (Dana O'Neal) 对于林书豪的评价是："[林书豪]是每个加州媒体都会看中的最佳球员。"但是，这些好的新闻报道没有让他获得大学篮球名校的入学许可。林书豪甚至把自己比赛的画面剪辑成影碟 (DVD)，寄到所有的常春藤名校以及斯坦福大学、伯克利大学 (UC Berkeley) 和加州大学洛杉矶分校 (UCLA) 等。但是，斯坦福大学拒绝了他的申请，UCLA则认为林书豪没有大学比赛先发的能力，只愿意让他"walk on"，也就是所谓的练习生。没有任何学校愿意向他提供篮球奖学金。只有哈佛 (Harvard) 和布朗 (Brown)

两 所 学校 愿意 给 林 书豪 在 篮球队 的 位置。

最后，他 "只 能" 选择 哈佛。

哈佛大学 位于 美国 波士顿 (Boston) 附近，创立于 1636 年，是 全美 第 一 所 大学。美国 于 1776 年 建国，比 哈佛 建校 要 晚 近 140 年。哈佛 大学 的 毕业生 有 八 位 曾经 当过 美国 总统，奥巴马 (Obama) 总统 就是 其中之一。此外，哈佛 的 教授 团 中 有 34 位 诺贝尔 奖 得主。但是，林 书豪 却 是 少数 进入 NBA 的 哈佛 毕业生。在 林 书豪 申请 进 哈佛 时，校队 助理 教练 观察 发现 他 的 体格 和 高中 成绩 都 符合 学校 的 要求，但是 没有 任何 出色 之 处。他 表示，林 书豪 的 能力 只 在 NCAA 第 三 级。大一 时，林 书豪 只有 六 尺 三 寸 高，体重 不 到 165 磅，是 球队 里 最小 的 一 个。他 为了 要 在 球队 立足，从 大一

开始 拼命 练 举重，调整 饮食，每 天 不停 地 喝

牛奶。他 的 体重 也 因此 差不多 增加了 60 磅。

　　在 哈佛 时，林 书豪 曾经 考虑过 转学。第 一，他

怀念 加州 的 天气，波士顿 寒冷 的 冬天 让 他 很

不 适应；其次，哈佛 篮球队 的 整体 水平 太 差 了，

他 不 知道 如何 能 赢得 比赛。然而，到了 2007 年 4 月，

新 来 的 篮球 总教练 汤米·阿梅克尔 (Tommy Amaker) 让

一切 都 改变 了。阿梅克尔 教练 曾经 在 杜克 大学

(Duke) 和 密歇根 大学 (University of Michigan) 当过 篮球

教练。杜克 大学 是 美国 最 有名 的 篮球 大学。

汤米·阿梅克尔 还 当过 杜克 大学 教练 迈克·

沙舍夫斯基 (Mike Krzyzewski) 的 助手。沙舍夫斯基

教练 的 外号 叫 老 K 教练，是 美国 最 知名 的 大

xué lánqiú zhǔjiàoliàn, péiyǎng chū hěn duō wèi qiúxīng. Lǎo
学 篮球 主教练，培养 出 很 多 位 NBA 球星。老 K

jiàoliàn yě shì Měiguó mèng zhī duì de zhǔjiàoliàn, tā céng dàilǐng Měiguó
教练 也是 美国 梦之队 的 主教练，他 曾 带领 美国

duì cānjiā Běijīng hé Lúndūn Àoyùnhuì.
队 参加 北京 和 伦敦 奥运会。

Āméikè'ěr yī lái Hāfó jiù duì qiúduì zuòle hěn duō gǎibiàn
阿梅克尔 一 来 哈佛 就 对 球队 做了 很 多 改变

tā xiān bǎ qiúduì de zhǔyào zànzhùshāng huànchéngle Nàikè, yě
—— 他 先 把 球队 的 主要 赞助商 换成了 耐克，也

gěi qiúduì bùzhìle zhěngtǐ zhànshù, ràng tāmen kàn qǐlái bu zài xiàng
给 球队 布置了 整体 战术，让 他们 看 起来 不 再 像

yīpánsǎnshā, ér Lín Shūháo yě cóng Āméikè'ěr jiàoliàn nàlǐ xué huì
一盘散沙，而 林书豪 也 从 阿梅克尔 教练 那里 学会

le rúhé qù dǎ bùtóng de wèizhì. Suǒyǐ Lín Shūháo chúle chuán qiú,
了 如何 去 打 不同 的 位置。所以 林书豪 除了 传球、

kòng qiú, hái liànxí lánbǎn, zhùgōng hé fángshǒu, chéngle yī gè quán
控 球，还 练习 篮板、助攻 和 防守，成了 一 个 全

fāngwèi de qiúyuán. Lín Shūháo zài lánqiú fāngmiàn zhìshāng hěn gāo.
方位 的 球员。林 书豪 在 篮球 方面 智商 很 高。

Luòshānjī Húrénduì de lánqiú míngxīng Kēbǐ Bùlái'ēntè céng
洛杉矶 湖人队 的 篮球 明星 科比·布莱恩特 曾

shuō, dǎ lánqiú jiù xiàng wán xiàngqí. Zài xiǎoxiǎo de chǎngdì lǐ, shēntǐ
说，打 篮球 就 像 玩 象棋。在 小小 的 场地 里，身体

de sùzhì bùshì zuì zhòngyào de, lánqiú zhìshāng, xīnlǐ sùzhì, yuèdú
的 素质 不是 最 重要 的，篮球 智商、心理 素质、阅读

bǐsài de nénglì cái shì gèng zhòngyào de yīnsù. Ér Lín Shūháo bù kào
比赛 的 能力 才 是 更 重要 的 因素。而 林书豪 不靠

shēntǐ, kào tóunǎo dǎ qiú, zhè zhèng shì tā zuì yǒu mèilì de dìfāng.
身体、靠头脑打球，这正是他最有魅力的地方。

zài Lín Shūháo dàsì nà nián, Hāfó Dàxué nánlán jìnrù
在林书豪大四那年，哈佛大学男篮进入 NCAA

juésài. Tā měi chǎng píngjūn dé fēn, chuàngxià Hāfó lánqiú
决赛。他每场平均得 18.1 分，创下哈佛篮球

jìn jǐshí nián lái de zuì jiā jìlù. Suīrán rúcǐ, zài tā dǎ qiú de
近几十年来的最佳记录。虽然如此，在他打球的

xǔduō dìfāng, dōu yǒu zhǒngzúzhǔyì de rǔmà hé wánxiào. Duì Lín
许多地方，都有种族主义的辱骂和玩笑。对林

Shūháo lái shuō, rénshēng zuì kùnnán de tiǎozhàn zhī yī jiùshì miànduì
书豪来说，人生最困难的挑战之一就是面对

biérén de kèbǎnyìnxiàng, xǔduō rén rènwéi dōngfāng liǎnkǒng dǎ qiú
别人的刻板印象，许多人认为东方脸孔打球

bù kěnéng nàme lìhài. Dànshì, Tā bìng méiyǒu shīqù lǐzhì, yě
不可能那么厉害。但是，他并没有失去理智，也

méiyǒu zìyuànzìyì. Tā dàilǐngzhe Hāfó nánlán dǎ yíng yī chǎng yòu
没有自怨自艾。他带领着哈佛男篮打赢一场又

yī chǎng de bǐsài, náxià Chángchūnténg liánméng guànjūn, dǎjìn
一场的比赛，拿下常春藤联盟冠军，打进 NCAA

juésài, kāichuàngle Hāfó lánqiúshǐ shàng zuì měihǎo de shídài.
决赛，开创了哈佛篮球史上最美好的时代。

Yuèdú hòu lǐjiě tǎolùntí

阅读 后 理解 讨论题

1. ❖ Qǐng nǐ jièshào yī xià Lín Shūháo de jiātíng. Tā de bàba
请 你 介绍 一 下 林 书豪 的 家庭。他 的 爸爸
māma shì zěnme rènshi de? Tāmen wèishénme lái Měiguó? Tā yǒu
妈妈 是 怎么 认识 的？ 他们 为什么 来 美国？ 他 有
jǐ gè xiōngdì jiěmèi?
几 个 兄弟 姐妹？

Please briefly describe Jeremy Lin's family. How did his parents
meet each other? Why did they come to the United States? How
many siblings does Jeremy have?

2. ❖ Wèishénme Kēbǐ Bùlái'ēntè céng shuō, dǎ lánqiú jiù xiàng
为什么 科比·布莱恩特 曾 说，打 篮球 就 像
wán xiàngqí? Nǐ juéde zhège bǐyù qiàdàng ma? Wèishénme?
玩 象棋？ 你 觉得 这个 比喻 恰当 吗？ 为什么？
Nǐ juéde dǎ lánqiú xiàng shénme?
你 觉得 打 篮球 像 什么？

Why did Kobe Bryant once say that playing basketball is like
playing chess? Do you think this metaphor is appropriate? Why?
What would you compare basketball to?

3. ❖
Lín   Shūháo céngjīng yùdàoguò   shénmeyàng de zhǒngzú   qíshì?
林 书豪 曾经 遇到过 什么样 的 种族 歧视?

Wèishénme tā shuō zài dàxué bǐsài   yùdào de   qíshì bǐ zài zhíyè
为什么 他 说 在 大学 比赛 遇到 的 歧视 比 在 职业

bǐsài shí hái duō?
比赛 时 还 多?

What kind of racial discrimination has Jeremy Lin encountered?
Why did he say that discrimination was worse in college basketball
than in professional basketball?

Please visit www.cheng-tsui.com/chinesebiographies for audio
files, vocabulary lists, comprehension exercises, and more!

Ch2:

史坦福(Stanford)是美国著名(zhu ming - famous)的私立(si li - private)大学，也是世界上最杰出的职业型(zhi ye xing - professional)大学之一。**T**

林书豪的父亲林继明是个篮球迷，他来美国一是为了攻读硕士(gong du shuo shi - master's)，二是为了看 NBA。**F**

在篮球场上,身体素质(su zhi - quality)是最重要的,而篮球智商(zhi shang - IQ),心理素质和阅读(yue du - reading)比赛的能力可有可无(optional)。**F**

林书豪在大学和 NBA 期间打篮球时经常遇到(yu dao - encounter)种族歧视(zhǒngzú qíshì - racial discrimination)。**T**

是林书豪的理智(li zhi - intellect)和不屈不挠的坚持(Bùqūbùnáo de jiānchí - persistence)，让他能够(gou - enough)带领哈佛(Harvard)男篮打赢一场又一场 比赛。**T**

Dì sān zhāng

第三章

3

Yǒngbù fàngqì: jìnrù

❖ 永不放弃：进入 NBA ❖

Never Give Up: Entering the NBA

....

1. ❖ 你 认为 进入 NBA 的 录取率 有 多少？ 进入
Nǐ rènwéi jìnrù de lùqǔlù yǒu duōshǎo? Jìnrù

其他 职业 球队 的 录取率 有 多少？
qítā zhíyè qiúduì de lùqǔlù yǒu duōshǎo?

What do you think are the odds of making it to the NBA? What
are the chances of someone getting onto other professional sports
teams?

2. ❖ 想出 三 件 让 你 快乐 的 事情。例如：考试 拿
Xiǎngchū sān jiàn ràng nǐ kuàilè de shìqíng. Lìrú: kǎoshì ná

高 分，看 一 部 好 电影，听 一 场 好 听 的
gāo fēn, kàn yī bù hǎo diànyǐng, tīng yī chǎng hǎo tīng de

音乐会。
yīnyuèhuì.

Think about three things that make you happy, such as getting
good grades, watching a good movie, or listening to a great concert.

3. ❖ 什么 事 曾经 让 你 难过 或 对 自己 失去 信心？
Shénme shì céngjīng ràng nǐ nánguò huò duì zìjǐ shīqù xìnxīn?

What kinds of things have made you upset? What kinds of things
have made you lose your confidence?

"Lín Shūháo cóng jìnrù Hāfó de dì yī tiān qǐ, tā de
"林书豪 从 进入 哈佛 的 第 一 天 起, 他 的
dream

mèngxiǎng jiù yīzhí shì jìnrù Tā zhīsuǒyǐ yǒu jīntiān,
梦想 就 一直 是 进入 NBA。他 之所以 有 今天,
failure experience

yǒu hěn duō chāoguò biérén xiǎngxiàng de shībài jīngyàn, shì yīnwèi
有 很 多 超过 别人 想象 的 失败 经验, 是 因为
failure *continue*

měi cì shībài hòu, tā dōu yǒu bànfǎ zhànqǐlái jìxù
每 次 失败 后, 他 都 有 办法 站起来 继续

wǎng qián zǒu."
往 前 走。"

Lín Shūháo de hǎoyǒu, Hé Kǎichéng
— 林书豪 的 好友：何 凯成
Cheng Ho, Jeremy Lin's friend

Suīrán Lín Shūháo cóng dàxué kāishǐ jiù yīzhí wèi jìnrù zuò
虽然 林 书豪 从 大学 开始 就 一直 为 进入 NBA 做

zhǔnbèi Hāfó de zhǔjiàoliàn Āméikè'ěr yě shuōguò Lín Shūháo hé
准备, 哈佛 的 主教练 阿梅克尔 也 说过 林 书豪 和
league

Yuēhàn Wò'ěr shì dàxué liánsài zhōng liǎng gè zuì hǎo de
约翰·沃尔 (John Wall) 是 大学 联赛 中 两 个 最 好 的
point guard *on the draft*

kòngwèi. Dànshì nián xuǎnxiù shàng, Kěntǎjī Dàxué
控卫。但是 2010 年 NBA 选秀上, 肯塔基 大学 (University of
champion *lost*

de Yuēhàn Wò'ěr chéngwéi zhuàngyuán, Lín Shūháo què luòxuǎn le.
Kentucky) 的 约翰·沃尔 成为 状元, 林 书豪 却 落选 了。
career *competition*

Jìnrù zhíyè lánqiú zuì gāo diàntáng shì fēicháng kùnnán, jìngzhēng fēicháng
进入 职业 篮球 最 高 殿堂 是 非常 困难, 竞争 非常

激烈 的 一 件 事。 每年 大概 有 10,000 名 大学 篮球

校队 球员 毕业, 而 NBA 只有 360 名 球员 的 名额。

录取率 不到 百分之一。 NBA 从 1949 年 成立后, 大约

只有 3600 名 球员, 想想 看 全 世界 有 多少 人

梦想 能 进入 NBA 呢?

虽然 如此, 选秀 落选 仍 对 林书豪 打击 很大。

但是 他 的 NBA 之梦 因 达拉斯 小牛队 (Dallas Mavericks)

的 经理 丹尼·尼尔森 (Donnie Nelson) 的 邀请 而 起死

回生。 尼尔森 喜欢 林书豪 打 球 的 方式 并 邀请

他 参加 NBA 的 夏季 联赛。 NBA 的 夏季 联赛 是 专门

为 落选 的 球员 而 准备 的, 表现 好 还是 可以 得到

NBA 球队 的 合约。 2010 年 的 夏季 联赛 在 拉斯

维加斯 (Las Vegas) 举行, 并 发生了 一些 特别 的 事。 第

一, 小牛队 的 先发 后卫 是 波布瓦 (Rodrigue Beaubois),

Lín Shūháo zhǐshì tìbǔ, dànshì Bōbùwǎ yīn jiǎohuái niǔshāng, gǎi yóu

林书豪 只是 替补，但是 波布瓦 因 脚踝 扭伤，改 由

Lín Shūháo shàngchǎng. Dì èr, Lín Shūháo de duìshǒu hòuwèi shì Yuēhàn·

林书豪 上场。第二，林书豪 的 对手 后卫 是 约翰·

Wò'ěr, de xuǎnxiù zhuàngyuán. Bǐsài shí, Lín Shūháo de

沃尔， 2010 NBA 的 选秀 状元。比赛 时，林书豪 的

qiújì, dòuzhì hé línchǎng biǎoxiàn dōu chāoguòle Wò'ěr.

球技、斗志 和 临场 表现 都 超过了 沃尔。

Zài wǔ chǎng qiúsài zhōng, Lín Shūháo měi chǎng píngjūn chūchǎng fēnzhōng,

在 五场 球赛 中，林书豪 每场 平均 出场 18.6分钟，

píngjūn dédào fēn, gè lánbǎn, gè zhùgōng. Lín Shūháo

平均 得到 9.8 分、3.2 个 篮板、1.8 个 助攻。林书豪

de chūsè biǎoxiàn wèi tā yíngdéle Dálāsī Xiǎoniúduì, Luòshānjī

的 出色 表现 为 他 赢得了 达拉斯 小牛队、洛杉矶

Húrénduì, Jiùjīnshān Yǒngshìduì děng de héyuē.

湖人队、旧金山 勇士队 (Golden State Warriors) 等 的 合约。

Tā zuìzhōng xuǎnzé lí jiā zuì jìn, Huárén qiúmí zuì duō de Jiùjīnshān

他 最终 选择 离 家 最 近，华人 球迷 最 多 的 旧金山

Yǒngshìduì. Tā jìnrù de mèngxiǎng zhōngyú chéng zhēn. Dāng tā zhīdào

勇士队。他 进入 NBA 的 梦想 终于 成 真。当 他 知道

zìjǐ jìnrù shí, gāoxìng de yīkǒuqì mǎile tái

自己 进入 NBA 时，高兴 地 一口气 买了 3 台 iPad®

gěi gēge, dìdi hé zìjǐ. zhè zhǒng nányǐyányù de xīngfèn ràng

给 哥哥、弟弟 和 自己。这 种 难以言喻 的 兴奋 让

tā hǎo jǐ tiān zuòmèng dōu zài xiào ne!

他 好 几 天 做梦 都 在 笑 呢！

Lín Shūháo suīrán bèi Yǒngshìduì qiān xià, dànshì bǐsài de dàbùfèn

林书豪 虽然 被 勇士队 签下，但是 比赛 的 大部分

* iPad is a registered trademark of Apple Inc.

时间 都 是 坐 冷板凳。NBA 的 球员 更 高大、球技 更

好、比赛 节奏 更 快，在 硬碰硬 的 职业 球赛 中，

林书豪 的 表现 就 显得 攻击力 不够。2010 年 12 月底，

勇士队 把 林书豪 下放 到 发展 联盟。林书豪 那时

在 他 的 日记 中 写着，"今天 大概 是 我 这 一生 最

忧郁 的 一 天 了，我 在 球场 上 失去了 信心，打 篮球

一点 都 不 好玩 了，我 讨厌 被 下放 到 发展 联盟，

我 觉得 好 丢脸，好 失败。我 想 回到 勇士队。"他

几乎 失去 信心，好不容易 进入了 NBA，到头来 却

落得 一场空。2011 年 1 月，他 甚至 写道："我 希望

我 从来 没有 跟 勇士队 签约。"他 没想到 成功 只是

过眼云烟，虽然 他 领着 NBA 的 薪水，但是 没有

上场 打 球 的 机会，这 一切 对 他 来说 都 没有

意义。

林书豪下放联盟的这一年是这一生中最难熬的一年，但是这一年也让他用全新的眼光去看事情并且懂得了感恩。发展联盟的球员和NBA球员的差别非常大。比如，有时他们要坐九个小时的巴士去比赛，球赛观众人数很少，球场的设备很差，受到的待遇也和NBA差别非常大。虽然这一年林书豪在发展联盟表现得不错，但2011年12月勇士队为了争取一名中锋球星而决定把林书豪裁掉。林书豪就像是从高空坠落，NBA的生涯眼看就要这样结束了。

1. ❖ Dāng Lín Shūháo zhīdào tā jìnrù de měimèngchéngzhēn shí,
当 林书豪 知道 他 进入 NBA 的 美梦成真 时，

tā gāoxìng de yīkǒuqì mǎile tái gěi gēgē, dìdì
他 高兴 地 一口气 买了 3 台 iPad® 给 哥哥、弟弟

hé zìjǐ. Dāng nǐ měimèngchéngzhēn shí, nǐ huì zuò shénme shì?
和 自己。当 你 美梦成真 时，你 会 做 什么 事？

When Jeremy Lin's dream of getting into the NBA came true, he went out and bought three iPads® for his brothers and himself. If your dream came true, how would you celebrate?

2. ❖ Fāzhǎn liánméng de qiúyuán hé qiúyuán dàiyù yǒu shénme
发展 联盟 的 球员 和 NBA 球员 待遇 有 什么

bùtóng?
不同？

How are the players who are dispatched to the D-Leagues treated differently from NBA players?

3. ❖ Wèishénme Lín Shūháo shuō tā xiàfàng liánméng de zhè yī nián

为什么 林书豪 说他 下放 联盟 的 这 一 年

shì zhè yīshēng zhōng zuì nán'áo de yī nián? Tā yòng shénme fāngfǎ

是 这 一 生 中 最 难 熬 的 一 年? 他 用 什么 方法

lái dùguò?

来 度过?

Why did Jeremy Lin say that the year that he was dispatched to the D-League was the most difficult year in his life? How did he get through this year?

 Please visit www.cheng-tsui.com/chinesebiographies for audio files, vocabulary lists, comprehension exercises, and more!

哈佛(Harvard)的主教练说林书豪是一名很好的控卫(Kòng wèi - point guard)。**T**

达拉斯小牛队(Dallas Mavaricks)的经理因为喜欢林书豪的打球方式(fang shi)而邀请(yao qing - want to invite)他参加(can jia)NBA的夏季联赛(Xiàjì liánsài - summer league)。**T**

林书豪在夏季联盟中的表现很好,因此有资格(Zīgé - qualified)拿到达拉斯小牛队(Dallas Mavericks),洛杉矶 湖人队(LA Lakers),旧金山勇士队(San Fran Warriors)等的合约(he yue)。**T**

林书豪虽然被勇士签下(Bèi yǒngshì qiān xià - signed by the Warriors),但是由于(you yu - due to)他自己在 NBA 期间不够(gou - enough)努力, 所以比赛的大部分的时间都是坐冷板凳。**F**

2011 年 12 月勇士队(Warriors)因为财务(cai wu - financial)原因而决定把林书豪裁掉 (cai diao - let go), 林 书豪的 NBA 生涯(sheng ya - career)眼看着就要这样结束了(jie shu le - end)。**F**

Dì   sì   zhāng

第四章

4

Niǔyuē   Màidíxùn   Guǎngchǎng   Huāyuán   de   qíjì

❖ 纽约 麦迪逊 广场 花园 的 奇迹 ❖

The Madison Square Garden Miracle

阅读 前 讨论题：

....

1. ❖ 你 听说过 / 去过 纽约 麦迪逊 广场 花园
   Nǐ tīngshuōguò qùguò Niǔyuē Màidíxùn Guǎngchǎng Huāyuán

   吗？你 对 它 的 印象 是 什么？如果 没 听过，请
   ma? Nǐ duì tā de yìnxiàng shì shénme? Rúguǒ méi tīngguò, qǐng

   上网 查 一 查。
   shàngwǎng chá yī chá.

   Have you ever heard of or gone to Madison Square Garden? What
   is your impression of this place? If you have never heard of it, please
   do some research online to help answer the above questions.

2. ❖ 你 听 过 蒂姆·狄伯 (Tim Tebow) 吗？他 是 谁？
   Nǐ tīng guò Dìmǔ Díbó ma? Tā shì shéi?

   你 听过 "Tebowing"（"狄伯式的祈祷"）吗？为什么
   Nǐ tīngguò ("Díbó shì de qídǎo") ma? Wèishénme

   这个 英文 单词 成了 2012 的 流行语？
   zhège yīngwén dāncí chéngle de liúxíngyǔ?

   Have you ever heard of Tim Tebow? Who is he? Have you heard of
   "Tebowing"? Why did this word become so popular in 2012?

3. ❖ Dāng nǐ huīxīn shīwàng de shíhou, nǐ yòng shénme fāngfǎ lái
当 你 灰心 失望 的 时候，你 用 什么 方法 来

dùguò dīcháoqī? Nǐ rènwéi nǐ de péngyǒu, fùmǔ huòzhě hé nǐ
度过 低潮期？你 认为 你 的 朋友、父母 或者 和 你

jìngyù xiāngtóng de rén kěyǐ bāngzhù nǐ ma?
境遇 相同 的 人 可以 帮助 你 吗？

How do you get through the discouraging times in your life? Do you think that your friends, parents, or people who have gone through similar situations can help you? How so?

Jiùjīnshān Yǒngshìduì cái diào Lín Shūháo hòu, Xiūshìdùn Huǒjiànduì
旧金山 勇士队 裁 掉 林 书豪 后，休士顿 火箭队

bǎ tā tiāo zǒu, tā děi bāndào Xiūshìdùn
(Houston Rockets) 把 他 挑 走，他 得 搬到 休士顿

cóngxīn shìyìng xīn de qiúduì. Huǒjiànduì de kòng qiú hòuwèi hěn duō,
                                                      ball control guard
从新 适应 新 的 球队。火箭队 的 控 球 后卫 很 多，

Lín Shūháo shàngchǎng de shíjiān fēicháng shǎo. Zài jì qián sài, tā zǒnggòng
                                                  season
林 书豪 上场 的 时间 非常 少。在 季 前赛，他 总共

shàngchǎng bù dào bā fēnzhōng.
上场 不 到 八 分钟。

nián shèngdànjié qián, Lín Shūháo yòu dédào yī gè qíngtiān
2011 年 圣诞节 前，林 书豪 又 得到 一 个 晴天

thunderbold
pī de xiāoxi. Huǒjiànduì wèile yào zhēngqǔ yī gè míngxīng zhōngfēng,
                              fight for   center
霹雳 的 消息。火箭队 为了 要 争取 一 个 明星 中锋，

                                          discouraged extreme
yě yào bǎ tā cái diào. Lín Shūháo huīxīn dàole jídiǎn. Tā bǐ biérén
也 要 把 他 裁掉。林 书豪 灰心 到了 极点。他 比 别人

更 努力，可是 为什么 连 表现 的 机会 都 没有？

为什么 会 这样？难道 一切 都 要 这样 结束 了？

他 有 太多 的 眼泪，太多 的 困惑。他 压力 很大，

常常 想 篮球 这 条 路 是 不是 走 错 了。

这 时候 美式 足球 NFL 丹佛 野马队 (Denver Broncos)

有个 球星 叫 蒂姆·狄伯，他 比 林书豪 大 一岁，

在 大学 里 也 曾 是 风云 人物，然而 来到 NFL 后，

两个 球季 都 只 能 坐 冷板凳。由于 他 的 球队

表现 很 差，他 因此 得到 上场 的 机会，一连 获得

六连胜。除此 以外，他 也 是 一个 基督徒，出生

在 菲律宾 的 他，父母 都 是 传教士。他 在 球场 上

都 会 单膝 跪下，感谢 上帝。当时 的 林书豪 从

蒂姆·狄伯 的 身上 得到 不少 的 鼓舞。于是 狄伯

成了 林书豪 的 偶像。

就在这时，纽约尼克斯队要找一个替补的后卫，

但是 他们 心目 中 的 控球 后卫 是 "体格 健壮"

的 人。他们 在 名单 中 看到 "林 书豪" 的 名字，

在 没有 太 多 选择 的 情况 下 选择了 他。纽约 的

媒体 也 不 看好 尼克斯队 的 决定，甚至 说，尼克斯队 的

攻击力 没 提升，倒是 学业 总平均分 (GPA) 提高了

（因为 林 书豪 是 哈佛 毕业生）。

林 书豪 一 开始 在 尼克斯队 也 是 坐 在 冷板凳 上，

教练 几乎 不 叫 他 的 号码。每次 要 进入 麦迪逊 球场

时，保安 总是 会 问 他 是 不 是 球队 的 工作 人员。

1月 17日，他 又 被 下放 到 发展 联盟。这 是 第 二

次 被 下放，虽然 他 还是 非常 努力 地 打 球，表现 非常

地 好，但 他 还是 担心 随时 都 会 被 球队 裁掉。

这时，尼克斯队 的 控球 后卫 戴维斯 (Baron Davis) 背部

受伤，到二月底前都没有办法恢复。尼克斯队的
巨星卡梅罗·安东尼 (Carmelo Anthony) 也受伤停赛，
另外一个明星球员史陶德迈尔 (Amar'e Stoudemire) 由于
哥哥去世而请假。在球队严重缺人的情况下，林
书豪又被召回尼克斯队。2月4日的球赛进入下半
场，安东尼跑去跟教练戴东尼说可以派林
书豪上场，看看可不可以有所表现，反正再输也
不过如此。这时，尼克斯队前六场比赛已经输了
五场。

没想到林书豪一上场就发挥了领导力，一个
人独得25分、5个篮板、7个助攻，刷新了他个人的
最高纪录。最后尼克斯队以99比92赢了这场球。
戴东尼因此对林书豪非常满意，他对林书豪
说："下一场比赛由你先发。"接着下一场

球赛 **对抗** 爵士队，28 分、8 次 **助攻**。2 月 10 日，林

书豪 面对 篮球 **强队** 湖人队 的 **超级** 明星 柯比·布莱

恩特，得到 个人 **生涯** 最 高 的 38 分。没有 人 认为

尼克斯 有 机会 赢 球，因为 尼克斯 的 明星 球员 **缺席**，

而 布莱恩特 又 是 NBA 最 **优秀** 的 球员 之 一！

林书豪 成了 尼克斯队 的 救星，**短短** 的 几 天 连 赢

7 场 球，**拯救** 了 尼克斯队 的 整个 **赛季**。尼克斯队 的 球票

也 **飚到 新 高**。**根据** 售票 网 信息，2 月 10 日 的 平均

票价 是 322 美元，随后 尼克斯队 的 球 票 又 涨 了 快

一倍。纽约 第 五 大道 NBA **商店** 的 林 书豪 17 号 球衣

销售量 超过 了 所有 NBA 球员 的 球衣。有线 电视 网

MSG Network 的 **收视率** 提高 百 分 之 六十六，麦迪逊

广场 花园 的 股价 在 八 天 内 市值 增加 约 7100

万 美元。有 人 说 麦迪逊 广场 花园 要 改名 为

Lín Jiā Huāyuán

林 家 花园 (Lin's Garden)，

Niǔyuērén yào zhǔnbèi yíngjiē Lín shì

纽约人 要 准备 迎接 林 氏

wángcháo le.

王朝 (Lin Dynasty) 了。

Yuèdú hòu lǐjiě tǎolùntí

阅读 后 理解 讨论题

Lín Shūháo shì zài shénmeyàng de qíngkuàng xià, dédào shàngchǎng

1. ❖ 林 书豪 是 在 什么样 的 情况 下，得到 上场

de jīhuì hé xiānfā qiúyuán de dìwèi?

的 机会 和 先发 球员 的 地位？

Under what circumstances did Jeremy Lin get the chance to play in his first Knicks game? How did he then get a starting position?

Lín Shūháo dàilǐng Níkèsīduì lián yíngle qīchǎng bǐsài hòu duì

2. ❖ 林 书豪 带领 尼克斯队 连 赢了 七场 比赛 后 对

Níkèsīduì hé Niǔyuē dàiláile shénme jīngjì xiàoyìng?

尼克斯队 和 纽约 带来了 什么 经济 效应？

What economic benefits did Jeremy Lin bring to the Knicks and New York after leading the Knicks to seven straight victories?

3. ❖ A.
Qǐng bǐjiào Lín Shūháo hé Dìmǔ Díbó,
请 比较 林 书豪 和 蒂姆·狄伯 (Tim Tebow)，

tāmen liǎng gè rén yǒu shénme xiāngtóng hé bùtóng de dìfāng?
他们 两 个 人 有 什么 相同 和 不同 的 地方？

Please compare Jeremy Lin and Tim Tebow. What are their similarities and differences?

B.
Liǎng rén yī zǔ, yī rén bànyǎn Lín Shūháo, yī rén bànyǎn
两 人 一 组，一 人 扮演 林 书豪，一 人 扮演

Dìmǔ Díbó, zuò juésè bànyǎn de huódòng. Kěyǐ
蒂姆·狄伯 (Tim Tebow)，做 角色 扮演 的 活动。可以

wèn duìfāng de jiātíng qíngkuàng, zuìjìn bǐsài de qíngkuàng, zuò lěng
问 对方 的 家庭 情况，最近 比赛 的 情况，坐 冷

bǎndèng de xīnqíng, chéngmíng hòu de yālì děngděng.
板凳 的 心情，成名 后 的 压力……等等。

Partner with someone for a role-playing activity. With one person playing Jeremy Lin and another person playing Tim Tebow, ask each other questions about one another's family, how recent games turned out, how it felt to be on the sidelines during every game, what the pressure is like after becoming famous, etc.

 Please visit www.cheng-tsui.com/chinesebiographies for audio files, vocabulary lists, comprehension exercises, and more!

火箭队也要裁掉林书豪是因为他在场上的表现不尽如人意(Bù jìn rú rényì - unsatisfactory)。 **F**

纽约尼克队选择林书豪作为替补(ti bu - substitute)的后卫是没有选择的选择,因为他们需要(xu yao)找 一个体格健硕(Tǐgé jiàn shuò - strong)的人作为后卫。 **T**

从林书豪第二次被(bei)下放到发展联盟(Liánméng - league)之后, 他再次被叫入尼克队是因为大家都认可(ren ke - recognize)了他在发展联盟时的表现。 **F**

林书豪在短短(duan - short)的几天内替尼克队连赢了七场球,成为了尼克队的救星(Jiùxīng - savior)。 **T**

林书豪的成功给尼克队和纽约带来了惊人(jing ren - amazing)的经济效应(xiao ying - effect)。 **T**

"Lín lái fēng":   Xīn de   zàocí yùndòng
❖ "林 来 疯" : 新 的 造 词 运 动 ❖

"Linsanity": A New Creative Movement

阅读 前 讨论题：

....

Nǐ kěyǐ xiǎngchū hé Lín Shūháo yǒuguān de yīngwén dāncí
1. ❖ 你 可以 想出 和 林 书豪 有关 的 英文 单词
ma?
吗？

What English words or phrases related to Jeremy Lin can you think of?

Nǐ yǒu chuòhào ma? Shì shénme? Shéi gěi nǐ qǔ de?
2. ❖ 你 有 绰号 吗？是 什么？谁 给 你 取 的？
Nǐ xǐhuān ma?
你 喜欢 吗？

Do you have a nickname? What is it? Who gave it to you? Do you like it?

Zhōngwén yǒu shénme wàiláiyǔ? (Lìrú: Shāfā, tǎnkè,
3. ❖ 中文 有 什么 外来语？（例如：沙发、坦克、
yōumò...) Yīngwén yǒu shénme wàiláiyǔ?
幽默……)英文 有 什么 外来语？
(Lìrú:
（例如：sushi, kungfu, fengshui...)

What Chinese words that originated from other languages (i.e., sofa, tank, humor, etc.) or English words that originated from other languages (i.e., sushi, kungfu, fengshui, etc.) can you think of?

4. ❖ Jīnnián zuì liúxíng de yīngwén cíhuì shì shénme? Zuì liúxíng de
今年 最 流行 的 英文 词汇 是 什么? 最 流行 的

zhōngwén cíhuì shì shénme?
中文 词汇 是 什么?

What is the most popular English word this year? What is the most
popular Chinese word?

Lín Shūháo cóng yī míng mòmòwúwén de hòuwèi, dàole Níkèsīduì hòu
林 书 豪 从 一 名 默默无闻 de 后卫, 到了 尼克斯队 后
obscure

bǎwò jīhuì, píngzhe zhāshi de běnshi zài yī pào ér hóng.
把握 机会, 凭着 扎实 de 本事 在 NBA 一 炮 而 红。
by solid ability *famous overnight*

Měiguó méitǐ yě kāishǐle zàocí bǐsài lái xíngróng Lín Shūháo de
美国 媒体 也 开始了 造词 比赛 来 形容 林 书 豪 的
word creation

wēilì. Tǐyù wǎngzhàn shǒuxiān yòng "Lín shì wángcháo"
威力。 体育 网站 ESPN 首先 用 "林 氏 王 朝" ("The Lin
power

zuò xīnwén biāotí, "Niǔyuē Yóubào" yòng lái
Dynasty") 做 新闻 标题, 《纽约 邮报》用 "Linderella" 来
title

xíngróng Lín Shūháo de gùshì jiù xiàng Huīgūniang de gùshì yīyàng chōngmǎn
形容 林 书 豪 的 故事 就 像 灰姑娘 的 故事 一样 充满

chuánqí. shì zhè bù jiāyùhùxiǎo de tónghuà zhōng nǚzhǔjué
传奇。 Cinderella 是 这 部 家喻户晓 的 童话 中 女主角
legendary *household name* *fairy tale*

de míngzì. Lín Shūháo cóng yī gè suíshí bèi qiúduì cáiyuán, shuì zài duìyǒu
的 名字。 林 书 豪 从 一 个 随时 被 球队 裁员, 睡 在 队友

jiā kètīng shāfā de wúmíngxiǎozú, dào quánqiú zhǔmù de lánqiú
家 客厅 沙发 的 无名小卒, 到 全球 瞩目 的 篮球
Lin went from a nobody who could be fired at any time—
who had to sleep on a teammate's couch—to a
famous bball superstar.

míngxīng. Tā de jìngyù shízài tài xiàng Huīgūniang chuánqí.

明星。他的境遇 实在太像 灰姑娘传奇。

nián yuè rì, Luòshānjī Húréndùi yǐ bǐ

2012 年 2 月 10 日，洛杉矶 湖人队 以 85 比 92

shū gěi Niǔyuē Níkèsīdùi shí, "Luòshānjī Shíbào" yě chuàngzào chū

输给 纽约 尼克斯队 时，《洛杉矶 时报》 也 创造出

yī cí, xíngróng xīqū qiángduì Húréndùi bài gěi

"Lin-plausible" 一 词，形容 西区 强队 湖人队 败 给

Lín Shūháo dàilǐng de Níkèsīduì shì yī jiàn lìng rén nányǐzhìxìn

林书豪 带领 的 尼克斯队 是 一 件 令 人 难以置信

de shìqing. "Jīnrì Měiguó Bào" yòngle

(implausible) 的 事情。《今日美国报》用了 "Lin-sational"

lái xíngróng Lín Shūháo hé Níkèsīduì de bǐsài lìng rén xuèmài bēnzhāng.

来 形容 林书豪 和 尼克斯队 的 比赛 令 人 血脉 贲张

(sensational)。

Zài zhèxiē gēn Lín Shūháo yǒuguān de cíhuì zhōng, zuì

在 这些 跟 林 书豪 有关 的 词汇 中，最

shòu huānyíng de jiùshì Duǎnduǎn shù yuè jiù yǒu shàng

受 欢迎 的 就是 "Linsanity"。短短 数 月 就 有 上

bǎiwàn gè wǎngluò sōusuǒ. Yī kāishǐ de zhōngwén yìmíng bìngbù tǒngyī,

百万 个 网络 搜索。一 开始 的 中文 译名 并不 统一，

yǒurén jiào "Lín fēng," yǒurén jiào "Lín kuáng," yǒurén jiào "Lín

有人 叫 "林 疯"，有人 叫 "林 狂"，有人 叫 "林

fēngkuáng," yě yǒurén jiào "Lín rè" huò "Lín shì xuànfēng." Bùlùn shì nǎ

疯狂"，也 有人 叫 "林 热" 或 "林氏 旋风"。不论 是 哪

yī zhǒng yìmíng, dōu méiyǒu "Lín lái fēng" láide shēngdòng, chuánshén.

一 种 译名，都 没有 "林 来 疯" 来得 生动、传神。

Zhōngwén lǐ yǒu yī gè cí jiào "rénláifēng," yìsi shì xiǎohái yī
中文 里 有 一 个 词 叫 "人来疯"， 意思 是 小孩 一

jiàndào kèrén lái jiù xīngfèn bùyǐ. Suǒyǐ "Lín lái fēng" de
见到 客人 来 就 兴奋 不已。 所以 "林 来 疯" 的

yìmíng qiǎomiào de chuándále Lín Shūháo zài quán Měiguó hé quán
译名 巧妙 地 传达了 林 书豪 在 全 美国 和 全

shìjiè xiānqǐ de yī gǔ rècháo. Zhège xīn cí shènzhì bèi rén qiǎng
世界 掀起 的 一 股 热潮。 这个 新 词 甚至 被 人 抢

zhù chéng shāngbiāo, shòudào zhīshi chǎnquán de bǎohù.
注 成 商标， 受到 知识 产权 的 保护。

Qiúmímen jiē'èrliánsān de gěi Lín Shūháo qǔ chuòhào. Lín Shūháo
球迷们 接二连三 地 给 林 书豪 取 绰号。 林 书豪

céng gōngkāi biǎoshì guò "chāojí Lín tiāntáng"
曾 公开 表示 过 "超级 林 天堂" ("Super-Lintendo")

shì tā jiànguò zuì bàng, zuì xǐhuān de chuòhào, yīnwèi rìběn Rèn
是 他 见过 最 棒、 最 喜欢 的 绰号， 因为 日本 任

tiāntáng shì Lín Shūháo cóngxiǎo zuì xǐhuān de yóuxìjī.
天堂 (Nintendo) 是 林 书豪 从小 最 喜欢 的 游戏机。

Lín Shūháo xùnsù de zài wǎngluò shàng cuànhóng, Liǎnshū,
林 书豪 迅速 地 在 网络 上 窜红， 脸书 (Facebook)，

Tuītè shàng de zhuīsuízhě fāhuīle jídà de chuàngyì wèi
推特 (Twitter) 上 的 追随者 发挥了 极大 的 创意 为

Lín Shūháo qǔle gèshìgèyàng de chuòhào, rú cóng diànyǐng lái de
林 书豪 取了 各式各样 的 绰号， 如 从 电影 来 的

"chāojí Lín Xiānshēng." Yīngwén zhōng de
"超级 林 先生" ("Mr. Lincredible")。 英文 中 的 incredible

de yìsi shì nányǐzhìxìn, bùkěsīyì de. Lín Shūháo zài
的 意思 是 难以置信、 不可思议 的。 林 书豪 在

Niǔyuē　Níkèsīduì　de　shénqí biǎoxiàn díquè　lìngrén　"nányǐzhìxìn."
纽约 尼克斯队 的 神奇 表现 的确 令人"难以置信"。

magical (handwritten above 神奇)

　　　　　　　　yìsi　　shì　Lín　Shūháo　de　biǎoxiàn　gǔwǔ
"Lin-spirational" 意思 是 林 书 豪 的 表现 鼓舞

rénxīn,　lìngrénzhènfèn.　　nián　yuè,　dāng Lín Shūháo hé　Xiūshìdùn
人心、令人振奋。2012 年 7 月，当 林 书 豪 和 休士顿

Huǒjiànduì qiān xià sān nián liǎngqiān wǔbǎiwàn de　héyuē shí,　Měiguó
火箭队 签 下 三 年 两 千 五百万 的 合约 时， 美国

gè dà méitǐ gèng shì yǐ　　　　　　　("Lín shì shōurù")　lái miáoshù
各大 媒体 更 是 以 "Lincome" （"林式收入"）来 描述

tā de shōurù.　Lìngwài hái yǒu
他 的 收入。另外 还 有 "Linsightful"、"Lincarnation"、

　　　　děng děng.
"Just Lin Time" 等 等。

　　Zài zhōngwén méitǐ zhōng,　chūxiànle　"Háo xiǎozi,"　　"Háo gē,"
　在 中文 媒体 中，出现了 "豪 小子"、"豪 哥"、

"Háo shén" děng nìchēng.　ér Lín Shūháo chúle　tǐyù fāngmiàn yǒu　yōuyì
"豪 神" 等 昵称。而 林 书 豪 除了 体育 方面 有 优异

nickname (handwritten above 昵称)

de biǎoxiàn yǐwài,　zài kèyè fāngmiàn　yīyàng biǎoxiàn yōuyì,　wéirén
的 表现 以外， 在 课业 方面 一样 表现 优异， 为人

qiānxū.　zūnlǎoàiyòu,　shì xǔduō jiāzhǎng xīnzhōng de "Háo bǎngyàng"
谦虚。尊老爱幼，是 许多 家长 心中 的 "豪 榜样"

modest (handwritten above 谦虚)

(hǎo bǎngyàng),　Tā xiàng xuànfēng yīyàng　xùnsù de juéqǐ,　yǐnfā
（好 榜样）。他 像 旋风 一样 迅速 地 崛起，引发

qiú piào hé qiúduì shāngpǐn xiāoshòu rècháo de shìchǎng xiàoyìng jiào "Háo
球 票 和 球队 商品 销售 热潮 的 市场 效应 叫 "豪

xuànfēng,"　"Háo xiàoyìng."　Huǒjiànduì gěi Lín Shūháo kāi chū de
旋风"、"豪 效应"。火箭队 给 林 书 豪 开 出 的

qiānwàn héyuē jiào "Háo yuē," "Háo dǔ," "Háo shēnjià." Yóucǐ
千万 合约 叫 "豪 约"、"豪 赌"、"豪 身价"。由此

kějiàn, Lín Shūháo de huàtí yǐjīng yánshēn dào tǐyù zhīwài le.
可见，林书豪的话题已经延伸到体育之外了。

Yuèdú hòu lǐjiě tǎolùntí
阅读 后 理解 讨论题

Zài yīngwén zìdiǎn zhōng, yòng kāitóu de cí, dàyuē yǒu
1. ❖ 在 英文 字典 中，用 "in" 开头 的 词，大约 有

gè yǐshàng. Nǐ kěyǐ xiǎng chū yī gè cóng biàn chūlái
1,000 个 以上。你 可以 想 出 一 个 从 "Lin" 变 出 来

de yīngwén jiéhé cí ma? Shì shénme?
的 英文 结合 词 吗？是 什么？

In the English dictionary, there are more than 1000 words that start with "in." Can you think of English words that combine words with "Lin"? What are they referring to?

Nǐ néng shàngwǎng zhǎo yī gè yǐ Lín Shūháo de míngzì gǎibiàn

2. ❖ 你 能 上网 找 一 个 以 林 书 豪 的 名字 改变

chūlái de zhōngwén cí ma? (Rú "Háo xiǎozi," "Háo bǎngyàng")

出 来 的 中 文 词 吗? (如 "豪 小 子"、"豪 榜样"

děng děng)

等 等)

Can you go online and find a Chinese word that has been transformed using Jeremy Lin's name?

 Please visit www.cheng-tsui.com/chinesebiographies for audio files, vocabulary lists, comprehension exercises, and more!

林书豪的故事之所以和灰姑娘(Huī gūniáng - Cinderella)的相似(xiang si - similar)，是因为他们都是从一个默默(mo mo - silent)无闻(wu wen)的无名小卒(xiao zu)，变成了万人瞩目的焦点(Zhǔmù dì jiāodiǎn - focus)。**T**

(超级林天堂）是林书豪最喜欢的绰号(Chuòhào - nickname),因为他从小就喜欢玩日本的任天堂(Nintendo)游戏机(Yóuxi jī - video game)。**T**

林书豪尊敬(Zūnjìng - respect)老人爱护(Àihù - care)小孩,为人谦卑(Qiānbēi - humble)，是许多家长心目中的榜样(Bǎngyàng - example)。**T**

林书豪只是在体育方面很有天赋(Tiānfù - talent)，而在课业方面的表现却不是很理想。**F**

Dì liù zhāng

第六章

6

Lín Shūháo de xìnyǎng rénshēng

❖ 林书豪的信仰人生 ❖

Life and Religion

1. ❖ Nǐ zhīdào Zhōngguórén xìnyǎng de zōngjiào yǒu nǎxiē ma?
   你 知道 中国人 信仰 的 宗教 有 哪些 吗？

   Xìnyǎng Jīdūjiào de rén duō ma?
   信仰 基督教 的 人 多 吗？

   Do you know what religious beliefs some Chinese people hold?
   Are there many Christians in China?

2. ❖ Nǐ tīngguò Pái Huá Fǎ'àn ma? Shì shénme? Nǎ yī nián
   你 听过 排华 法案 吗？ 是 什么？ 哪 一 年

   dào nǎ yī nián? Duì Měijí Huárén yǒu shénme yǐngxiǎng?
   到 哪 一 年？ 对 美籍 华人 有 什么 影响？

   Have you heard of the Chinese Exclusion Act? What was it?
   During which years was it enforced? What effect did it have on
   Chinese Americans?

3. ❖ nián zài Zhōngguó lìshǐ shàng fāshēngle shénme dàshì? Nǐ
   1949 年 在 中国 历史 上 发生了 什么 大事？ 你

   tīngguò Gòngchǎndǎng huòzhě Guómíndǎng ma? nián zhè liǎng gè
   听过 共产党 或者 国民党 吗？ 1949 年 这 两 个

   zhèngdǎng de lǐngdǎorén fēnbié shì shéi?
   政党 的 领导人 分别 是 谁？

   What major event happened in 1949 in Chinese history? Have you
   ever heard of the Communist Party? The Kuomintang? Who were
   the leaders of the two parties in 1949?

"Lín Shūháo ràng wǒ liánxiǎng dào diànyǐng "Huǒzhànchē"
"林书豪 让 我 联想 到 电影《火战车》(Chariots of

lǐ yī gè wéi róngyào Shàngdì ér pǎo de Sūgélán xuǎnshǒu de
Fire)里 一 个 为 荣耀[glory] 上帝 而 跑 的 苏格兰 选手 的

gùshì Lín Shūháo dǎ lánqiú shí tā zìjǐ juéde xǐyuè,
故事…… 林书豪 打 篮球 时 他 自己 觉得 喜悦[joy],

yě gǎnjué dào Shàngdì de xǐyuè, méiyǒu qítā de mùdì."
也 感觉 到 上帝 的 喜悦, 没有 其他 的 目的。"

Hāfó bìyèshēng, Christine Folch
哈佛 毕业生: Christine Folch

According to the report on the Rise of Asian Americans, the Asian population in the US is estimated to be 18,000,000.

Gēnjù nián yuè Pīyōu Yánjiū Zhōngxīn suǒ
根据 2012 年 7 月 丕优 研究 中心 (Pew Research Center) 所

fābiǎo de "Yàyì Juéqǐ" bàogào,
发表 的《亚裔 崛起》("The Rise of Asian Americans") 报告,

quán Měiguó yuē yǒu yīqiān bābǎiwàn Yàyì rénkǒu, qízhōng Huáyì Měiguó
全 美国 约 有 一千 八百万 亚裔 人口, 其中 华裔 美国

rén yuē yǒu sìbǎiwàn, zhàn bǎi fēn zhī èrshísān. [23%] Zǎoqī Zhōngguó yímín
人 约 有 四百万, 占 百分之 二十三。 早期 中国 移民

dōu shì zài nián Jiāzhōu táojīnrè [Gold Rush] shíqī lái Měiguó de. Jiāzhōu
都 是 在 1848–1855 年 加州 淘金热 时期 来 美国 的。加州

de Jiùjīnshān shì Huáqiáo [overseas] jùjí de zhōngxīn. Nàshí Zhōngguó hái chǔzài
的 旧金山 是 华侨 聚集 的 中心。那时 中国 还 处在

Qīngcháo [Qing Dynasty] shíqī, Zhōngguórén dōu liú zhe biànzi, [braid] chuān zhe chángpáo, Shēnghuó
清朝 时期, 中国人 都 留 着 辫子、穿 着 长袍, 生活

xíguàn hé Měiguórén fēicháng bùtóng. Yóuyú duōshù de yímín dōu shì
习惯 和 美国人 非常 不同。 由于 多数 的 移民 都是

kǔlì, tiāo biǎndan, jiāshàng yǔyán bù tōng, zài gè fāngmiàn dōu
苦力, 挑 扁担, 加上 语言 不 通, 在 各 方面 都

shòudào qíshì.
受到 歧视。

Zài nián, Měiguó zhèngfǔ shènzhì tōngguòle "Pái Huá Fǎ'àn."
在 1882年, 美国 政府 甚至 通过了 《排 华 法案》。

"Pái Huá Fǎ'àn" shì Měiguó lìshǐ shàng duì yímín zuòchū de zuì dà
《排 华 法案》是 美国 历史 上 对 移民 做出 的 最 大

xiànzhì zhī yī. Xǔxǔduōduō de Huárén shòudào cánkù de xiànzhì, zhège
限制 之 一。 许许多多 的 华人 受到 残酷 的 限制, 这个

fǎ'àn yīzhí dào nián cái bèi fèizhǐ. nián Guómín
法案 一直 到 1943 年 才 被 废止。 1945–1949 年 国民

dǎng hé Gòngchǎndǎng fāshēng nèizhàn, Jiǎng Jièshí lǐngdǎo
党 和 共产党 发生 内战, 蒋 介石 (Chiang Kai-Shek) 领导

de Guómíndǎng yīn zhànbài dàizhe jūnduì tuìshǒu Táiwān, tā xīwàng
的 国民党 因 战败 带着 军队 退守 台湾, 他 希望

yǒu yī tiān Guómíndǎng nénggòu huídào Zhōngguó Dàlù chóngxīn zhízhèng.
有 一 天 国民党 能够 回到 中国 大陆 重新 执政。

Wú Xìnxìn de fùmǔ jiù shì zài nián gēnzhe Guómíndǎng de
吴 信信 的 父母 就 是 在 1949 年 跟着 国民党 的

jūnduì láidào Táiwān. Lín Shūháo de wàizǔfù shì Zhèjiāng
军队 来到 台湾。 林 书豪 的 外祖父 是 浙江 ,

Jiāxìng rén, tā shì yī wèi mùshī. Lín Shūháo de zōngjiàoxìnyǎng
嘉兴 人 他 是 一 位 牧师。 林 书豪 的 宗教信仰

jiù zài jiātíng de yǐngxiǎng xià mànmàn xíngchéng le.
就 在 家庭 的 影响 下 慢慢 形成 了。

打 篮球 是 林家 最 爱 的 运动，但是 他们 从 不会

因为 打 篮球 牺牲 做 礼拜 的 时间。所以 不管 他们

搬到 哪里，都 会到 华人 教会 聚会。林 书豪 说：

"从小 父母 就 教导 我 做 基督徒 的 真义，他们

总是 看 我 的 态度 对 不对，有 没有 控制 好 情绪，

还 要 保持 敬虔 的 态度。我 很 小 的 时候，父母

就 会 跟 我 说，不能 因为 你 有 运动 的 才能，

很 会 打 球，就 自以为 比 别的 孩子 特别，上帝 不会

因为 这样 就 爱 你 比 别人 多 一点。"

当 他们 搬到 加州 的 帕拉阿图 (Palo Alto) 时，他们

就 固定 去 山景城 基督徒 会堂 聚会 (Chinese Church in

Christ in Mountain View)。在 高中 的 时候，林 书豪 就

已经 有了 很 坚定 的 信仰，他 认为 人生 最 重要

的 一件 事 就是 以 上帝 为 中心。他 的 信仰 也 帮助

他 度过 人生 的 低潮期。山景城 基督 教堂 的 牧师

陈 光耀，从小 就 看着 林书豪 兄弟 一起 长大，就

像 他们 的 大 哥哥 一样。他们 常常 在 星期五 一起

读经，然后 一起 打球 到 凌晨 一两点。林书豪 到 现在

还 固定 和 陈 牧师 通 电话、发 短信、写 电子

邮件。陈 牧师 常常 提醒 他 要 坚定 信仰，不要 掉

进 陷阱 和 诱惑。NBA 球员 每 天 面对 的 挑战 和

诱惑 实在 不是 普通 人 能 体会 的，这 在 其他 职业

运动 中 也 是 司空见惯 的。但是 林 书豪 除了

打球 以外，多半 在 房间 里，因为 他 的 生活方式 和

别人 不 太 一样，所以 问题 不 大。他 认为 只要 你

一 开始 表明 立场，别人 就 会 尊重 你，以后 也 不会

来 烦 你 了。

林书豪 在 大学 参加 每 周 小组 查 经 聚会 时，

也常常 分享他遇到的诱惑，例如：他只想为自己
的 快乐 和 满足 打 球，急于 表现 自己，不 愿意
传球 给 别人。当 他 遇到 挫折 时，他 心中 就 默念
圣经 罗马书 8 章 28 节："万事 都 互相 效力，
叫 爱 神 的 人 得 益处。" 虽然 他 遇到 的
困难 数不胜数，也 好 几 次 都 想 放弃 篮球，
但是 林 书豪 相信 上帝 要 带 他 走 一 条 不同 的
道路，每 一 次 的 挫折 和 苦难 都 是 上帝 在 教导
他。林 书豪 手腕 上 还 戴着 一 个 粉橘色 的 橡胶
手环，一 个 三 美金。这 是 一 家 名为 "积极 信仰"
(Active Faith) 的 公司 生产 的。这 家 公司 是 两 位 NBA
球员 创办 的，手环 上 写着 "我 奉 耶稣 之 名
打 球" （ "In Jesus' Name I Play" ）。

Lín Shūháo zài Níkèsīduì hái hé Jīdūtú duìyǒu Fèi'ěrzī
林 书 豪 在 尼克斯队 还 和 基督徒 队友 费尔兹

zìchuàng "Shèngjīng dǎqì fǎ": "Jīzhǎng, dàishàng yǎnjìng,
(Landry Fields) 自创 "圣经打气法"："击掌，戴上 眼镜，

tānkāi shū, fān shū, ná xià yǎnjìng, bǎ yǎnjìng fàng huí kǒudài."
摊开书，翻书，拿下眼镜，把眼镜放回口袋。"

Nà běn shū jiùshì Shèngjīng, yīnwèi Lín Shūháo shuō Shèngjīng shàng
那 本 书 就是 圣经，因为 林 书豪 说 圣经 上

xiědào:" "Rènshi Yēhéhuá shì zhìhuì de kāiduān." Tāmen kàozhe
写道："认识 耶和华 是 智慧 的 开端。"他们 靠着

zhèxiē dòngzuò lái hùxiāng dǎqì. Zuìhòu shǒu zhǐzhe tiān biǎoshì yīqiè
这些 动作 来 互相 打气，最后 手 指着 天 表示 一切

róngyào guīgěi tāmen xìnyǎng de Shàngdì. Dāng tā zài nián
荣耀 归给 他们 信仰 的 上帝。当 他 在 2012 年

yuè dàilǐng Níkèsīduì dǎ chū qī lián shèng shí shuō: "Wǒ xīwàng
2 月 带领 尼克斯队 打出 七连胜 时说："我 希望

dāng wǒ cóng lánqiú shēngyá tuìxiū shí, nénggòu shuō wǒ yǐjīng
当 我 从 篮球 生涯 退休 时，能够 说 我 已经

jìn quánlì fùchū guò, wǒ suǒ zuò de yīqiè dōu shì wèile róngyào
尽 全力 付出 过，我 所 做 的 一切 都 是 为了 荣耀

Shàngdì." Tā shuō tā cóng tuìyì hòu, xīwàng néng chéngwéi
上帝。"他 说 他 从 NBA 退役 后，希望 能 成为

mùshī, cóngshì chuánjiào de gōngzuò.
牧师，从事 传教 的 工作。

阅读 后 理解 讨论题

Yuèdú hòu lǐjiě tǎolùntí
阅读 后 理解 讨论题

1. ❖ 文章 中 提到 "NBA 球员 每 天 面对 的 挑战 和
Wénzhāng zhōng tídào   qiúyuán měi tiān miànduì de tiǎozhàn hé

诱惑 实在 不是 普通 人 能 体会 的"。你 同意 吗?
yòuhuò shízài bùshì pǔtōng rén néng tǐhuì de."   Nǐ tóngyì ma?

为什么? 你 认为 有 哪些 职业 的 挑战 和 诱惑 比较
Wèishénme? Nǐ rènwéi yǒu nǎxiē zhíyè de tiǎozhàn hé yòuhuò bǐjiào

大? 请 解释 你 的 理由。
dà? Qǐng jiěshì nǐ de lǐyóu.

The reading mentions that NBA players face challenges and
temptations that others don't necessarily relate to. Do you agree?
Why? What other professions involve challenges and temptations
that are out of the ordinary? Explain your reasoning.

2. ❖ 《纽约 时报》的 专栏 记者 布鲁克斯 (David
"Niǔyuē Shíbào" de zhuānlán jìzhě Bùlǔkèsī

Brooks) 说:"有些 人 对于 把 宗教 带入 体育 或 政治
shuō: "Yǒuxiē rén duìyú bǎ zōngjiào dàirù tǐyù huò zhèngzhì

非常 愤怒。"你 同意 吗? 你 认为 林 书豪 把 篮球
fēicháng fènnù."   Nǐ tóngyì ma? Nǐ rènwéi Lín Shūháo bǎ lánqiú

和 他 的 信仰 结合 在 一起 有 没有 激怒 某些 人?
hé tā de xìnyǎng jiéhé zài yīqǐ yǒu méiyǒu jīnù mǒuxiē rén?

为什么?
Wèishénme?

The *New York Times* columnist, David Brooks, said, "Jeremy Lin is now living this creative contradiction. Much of the anger that arises when religion mixes with sport or with politics comes from people who want to deny that this contradiction exists..." Do you agree? Do you think that by combining his faith and basketball, Jeremy Lin has angered some people? Why?

 Please visit www.cheng-tsui.com/chinesebiographies for audio files, vocabulary lists, comprehension exercises, and more!

早期(Zǎoqí - early)，由于生活习惯(Shēnghuó xíguàn - living habit)以及语言问题，中国移民在美国受到各方面的歧视(Qíshì - discrimination)。**T**

林书豪之所以信仰基督教(Xìnyǎng jīdūjiào - belief in Christianity)是因为他自己的个人兴趣所致(Xìngqù suǒ zhì - caused by interest)，与父母及其他家人无关(Wúguān - irrelevant)。**F**

因为打篮球是林家最爱的运动，所以他们经常因为打篮球而牺牲(Xīshēng - sacrifice)做礼拜(Zuò lǐbài - worship)的时间。**F**

林书豪之所以一直带着手腕上的粉橘色橡胶手环(Xiàngjiāo shǒu huán - rubber bracelet)，是因为这个手环是一个女孩子送(song)给他的。**F**

林书豪可能会在 NBA 退役(Tuìyì - retire)后，成为一名传教(Chuánjiào - missionary)的牧师(Mùshī - priest)。**T**

Dì qī zhāng

第七章

7

Lín Shūháo hé Yáo Míng

❖ 林书豪和姚明 ❖

Jeremy Lin and Yao Ming

Yuèdú qián   tǎolùntí
阅读 前 讨论题：

....

Nǐ zhīdào Yáo Míng shì shéi ma?   Qǐng nǐ   bǐjiào   yīxià Yáo Míng

1. ❖ 你 知 道 姚 明 是 谁 吗? 请 你 比 较 一 下 姚 明

hé Lín Shūháo.

和 林 书 豪。

Do you know who Yao Ming is? Please compare and contrast Yao Ming and Jeremy Lin using the following table.

	Yáo Míng 姚 明	Lín Shūháo 林 书 豪
Shēngrì 生日		
Niánlíng 年龄		
Shēngāo 身高		
Tǐzhòng 体重		
Chūshēngdì 出生地		
Jìnrù de niánfèn 进入 NBA 的 年份		
qiúduì NBA 球队		

2. ❖ 请 上网 点阅 休士顿 丰田 中心 篮球场 的
Qǐng shàngwǎng diǎn yuè Xiūshìdùn Fēngtián Zhōngxīn lánqiúchǎng de

视频。你 看到 什么 中文 广告？请 列举 中文
shìpín. Nǐ kàn dào shénme zhōngwén guǎnggào? Qǐng lièjǔ zhōngwén

广告的 产品 和 厂商。
guǎnggào de chǎnpǐn hé chǎngshāng.

Please go online and find a video of the basketball court inside the Houston Toyota Center. What kinds of Chinese advertisements do you see? Please name some of the products and companies behind these advertisements.

2011 年 7 月 20 日，中国 篮球 巨星 姚明 从 休士顿 火箭
nián yuè rì, Zhōngguó lánqiú jùxīng Yáo Míng cóng Xiūshìdùn Huǒjiàn

superstar

队 宣布 退休。一年 后，另 一个 华裔 篮球员 林书豪
duì xuānbù tuìxiū. Yī nián hòu, lìng yī gè Huáyì lánqiúyuán Lín Shūháo

announce retirement   _another_   _chinese_

正式 和 火箭队 签下了 三年 两千 五百万 的 合约。
zhèngshì hé Huǒjiànduì qiānxiàle sānnián liǎngqiān wǔbǎiwàn de héyuē.

formally   _contract_

在 姚明 退休 满 一 周年 后 加入 火箭队 对 林 书豪
Zài Yáo Míng tuìxiū mǎn yī zhōunián hòu jiārù Huǒjiànduì duì Lín Shūháo

first anniversary

来说 代表着 "传承"。自从 林书豪 加入 火箭队 后，
lái shuō dàibiǎo zhe "chuánchéng." Zìcóng Lín Shūháo jiārù Huǒjiànduì hòu,

inheritance

火箭队 的 季票 销售 就 非常 火爆，高居 全 联盟
Huǒjiànduì de jìpiào xiāoshòu jiù fēicháng huǒbào, gāojū quán liánméng

season ticket sales   _not_   _highest in the league_

第 一。2011 年 姚 明 退役 后，火箭队 的 售票
dì yī. nián Yáo Míng tuìyì hòu, Huǒjiànduì de shòupiào

improvement · brand · sponsor · ad

yīzhí méiyǒu qǐsè, Zhōngguó de yùndòng pǐnpái hé zànzhù guǎnggào
一直 没有 起色，中国 的 运动 品牌 和 赞助 广告

gradually left · central

yě jiànjiàn de chèlí Huǒjiànduì, Zhōngguó Zhōngyāng Diànshìtái yě bù zài
也 渐渐地 撤离 火箭队，中国 中央 电视台 也 不再

broadcast

zhuǎnbō Huǒjiànduì de bǐsài le.
转播 火箭队 的 比赛 了。

*after Yang Ming's retirement, sales were bad. Houston team lost sponsor and China TV stopped broadcasting them.

period

Yáo Míng zài nián jiārù Huǒjiànduì qījiān, céngjīng cānjiā
姚明 在 2002–2011 年 加入 火箭队 期间，曾经 参加

all-star game · created · unique

guò qī cì quán míngxīng sài, wèi Xiūshìdùn kāichuàngle dútè de Yàzhōu
过 七次 NBA 全明星赛，为 休士顿 开创了 独特 的 亚洲

Asian market · moment

shìchǎng. Cóng Yáo Míng jiārù Huǒjiànduì de nà yī kè kāishǐ, Huǒjiànduì
市场。从 姚明 加入 火箭队 的 那一刻 开始，火箭队

China's favorite team

jiù chéngle Zhōngguó qiúmí xīnzhōng de zhǔduì. Yóuyú Yáo Míng zài Zhōngguó
就 成了 中国 球迷 心中 的 主队。由于 姚明 在 中国

very high · reputation · companies

yǒu jí gāo de zhīmíngdù, Zhōngguó gè gè qǐyè dōu xīwàng hé Yáo Míng
有 极高 的 知名度，中国 各个 企业 都 希望 和 姚明

McDonalds · Pepsi · Visa

qiānyuē, bāokuò Màidāngláo, Bǎishìkělè, Wēishìkǎ hé duō jiā
签约，包括 麦当劳、百事可乐、威士卡 和 多家

computer computer phone

jìsuànjī, shǒujī děng qǐyè. Suǒyǐ Huǒjiànduì dédào Yáo Míng, bù
计算机、手机 等 企业。所以 火箭队 得到 姚明，不

only

jǐnjǐn shì dédào yī míng míngxīng lánqiúyuán, yě dédàole Yáo Míng zài
仅仅 是 得到 一名 明星 篮球员，也 得到了 姚明 在

influence

Zhōngguó de yǐngxiǎnglì.
中国 的 影响力。

B/c of Yao Ming, Houston not only got a great bball player, but China's support too. Many Chinese companies want to sign w/ Yao Ming

Asians

Xiūshìdùn shì quánměi dì sì dà chéngshì, yǒu wàn rén, Yàyì
休士顿 是 全美 第四大 城市，有 210万人，亚裔

main building · completed

chāoguò wàn. Huǒjiànduì de zhǔguǎn Fēngtián Zhōngxīn yú nián luòchéng
超过 10万。火箭队 的 主馆 丰田 中心 于 2003 年 落成

shǐyòng hòu chéngwéi Zhōngguó qiúmí zhōng zhīmíngdù dì yī de

使用 后 成为 中国 球迷 中 知名度 第 一 的 NBA

chǎngdì. Zài Fēngtián Zhōngxīn zhōng, dàbùfèn de guǎnggào dōu shì zhōngwén

场地。在 丰田 中心 中, 大部分 的 广告 都 是 中文

de. Yīnwèi Zhōngguó hěn duō pǐnpái zhèng chǔzài pǐnpái yuèshēng de

的。因为 中国 很 多 品牌 正 处在 品牌 跃升 的

jiēduàn, xǔduō de qǐyè dōu zài xúnzhǎo yī gè píngtái, ér Yáo Míng

阶段, 许多 的 企业 都 在 寻找 一 个 平台, 而 姚明

suǒ jiànlì qǐlái de hǎo xíngxiàng hé zhīmíngdù zhèngshì pǐnpái

所 建立 起来 的 好 形象 和 知名度 正是 品牌

xiàngshàng tíshēng de zhùlì. Huǒjiànduì de lǎobǎn Yàlìshāndà

向上 提升 的 助力。火箭队 的 老板 亚历山大

hé tā de Huǒjiànduì duìyǒumen dōu yīn "Yáo Míng

(Leslie Alexander) 和 他 的 火箭队 队友们 都 因 "姚 明

xiàoyìng" ér zhuànle bù shǎo qián. Bǐrú shuō, Huǒjiànduì de duìyǒu yīnwèi

效应" 而 赚了 不少 钱。比如 说, 火箭队 的 队友 因为

zài Zhōngguó zhīmíngdù gāo ér dàiyánle bù shǎo guǎnggào. Zhōngguó

在 中国 知名度 高 而 代言了 不 少 广告。中国

lǚyóutuán lái Měiguó dōu huì zhǐdìng dào Fēngtián Zhōngxīn kàn yī chǎng lánqiú

旅游团 来 美国 都 会 指定 到 丰田 中心 看 一 场 篮球

sài. Qián jǐ nián jīnróng fēngbào shí, xǔduō qiúduì de guǎnggào

赛。前 几 年 金融 风暴 时, 许多 NBA 球队 的 广告

xiāngjì chèchū, kěshì Huǒjiànduì de guǎnggào què méiyǒu shòudào rènhé

相继 撤出, 可是 火箭队 的 广告 却 没有 受到 任何

yǐngxiǎng.

影响。

Huǒjiànduì de lǎobǎn yě tóngyàng kànhǎo Lín Shūháo de shìchǎng jiàzhí,

火箭队的老板也同样看好林书豪的市场价值,

他 曾经 通过 姚明 从 中国 市场 赚进 上亿 美元。

姚明 开发 的 亚洲 市场 将 继续 存在，在 亚洲 ——

尤其 是 中国 大陆 和 台湾 —— 都 有 广大 的 球迷。

姚明 让 火箭队 成为 华人 最 熟悉 的 NBA 球队 之一。

根据《福布斯》杂志 的 报道，火箭队 在 过去 十年 的

市场 价值 上升 超过 五倍。从 2002 年 的 市值 八千

两百万 增加 到 2011 年 的 四亿 四千 三百万。

不过，林书豪 生 在 美国、长 在 美国，是 "纯 美国

制造"，所以 他 的 想法、价值观 和 信仰 都 和 姚

明 不同。此外，由于 中 美 训练 环境 的 差异，他

与 姚明 在 习惯 和 思维 方式 方面 也 有 不同。

他 有 美国 式 的 热情 和 团队 精神，他 和 队友 的

沟通 更 好、更 有 默契。作为 土生土长 的 华裔

美国人，他 能 进 NBA 对 美国华裔 的 影响 非常 大。

Lín   Shūháo   de   shēngāo   shì   gōngfēn,   suīrán   yǔ   gāodá   gōngfēn
林 书 豪 的 身高 是 191 公分 ，虽然 与 高达 229 公分

de   Yáo Míng   xiāngbǐ   yǒu   yīdìng   chājù,   dàn   fǎnér   lìng   xǔduō   pǔtōng
的 姚 明 相比 有 一定 差距 ，但 反而 令 许多 普通

shēngāo   de   qiúmí   gǎndào   gèngjiā   qīnjìn.   Yàyì   xuètǒng   de   Lín
身高 的 球迷 感到 更加 亲近 。 亚裔 血统 的 林

Shūháo   zài   Yàzhōu   gèdì   xiānqǐ   rècháo,   yóuqí   zài   Zhōngguó   Dàlù
书豪 在 亚洲 各地 掀起 热潮 ，尤其 在 中国 大陆

gèngjiā   zhìshǒukěrè.   Tā   shì   xǔduō   diànshì   tǐyù   jiémù   de   jiāodiǎn,
更加 炙手可热 。他 是 许多 电视 体育 节目 的 焦点 ，

yě   shì   Zhōngguó   zuìdà   sōusuǒ   yǐnqíng   Bǎidù   de   zuì   rèmén   guānjiànzì.
也 是 中国 最大 搜索 引擎 百度 的 最 热门 关键字

zhī   yī.   Bǎidù   shì   quánqiú   dì   èr   dà   de   sōusuǒ   yǐnqíng,   jǐn   cìyú
之 一 。百度 是 全球 第 二 大 的 搜索 引擎 ，仅 次于

Gǔgē.   Bǎidù   yī   cí   qǔ   zì   Zhōngguórén   dōu   zhīdào   de   yī   shǒu   sòngcí,
谷歌 。百度 一 词 取 自 中国人 都 知道 的 一 首 宋词，

"   Zhòng   lǐ   xún   tā   qiān   bǎi   dù,   nà   rén   què   zài   dēnghuǒ   lánshān   chù."
"众 里 寻 她 千 百度 ，那 人 却 在 灯火 阑珊 处" 。

Yìsi   jiùshì   shù   bǎi   cì   bù   tíng   de   zhǎoxún.
意思 就是 数 百 次 不 停 地 找寻 。

Lín   Shūháo   huì   jiǎng   Huáyǔ,   dàn   bù   liúlì,   fùmǔ   hé   tā   shuō
林 书豪 会 讲 华语 ，但 不 流利 ， 父母 和 他 说

zhōngwén,   dàn   tā   yòng   yīngwén   huídá.   Suīrán   tā   zài   Hāfó   Dàxué
中文 ，但 他 用 英文 回答 。虽然 他 在 哈佛 大学

shàng guò zhōngwén   kè,   kěshì   tā   shuō: "Wǒ   néng   tīng   dàn   bù   tài   huì
上 过 中文 课 ， 可是 他 说 ： "我 能 听 但 不 太 会

jiǎng,   wǒ   de   zhōngwén   hái   xūyào   jiāqiáng."   Jíbiàn   rúcǐ,   Lín
讲 ，我 的 中文 还 需要 加强 。" 即便 如此 ， 林

Shūháo yīrán zài Huárén shìjiè yǐnqǐle yīgǔ xuànfēng. Rúguǒ shuō
书豪 依然 在 华人 世界 引起了 一股 旋风。 如果 说

Yáo Míng jiù xiàng yī zuò qiáo, wèi Zhōng Měi wénhuà de liánjiē tígōng
姚明 就 像 一 座 桥， 为 中 美 文化 的 连接 提供

zhùlì, zài zhè zuò qiáo shàng yǒu wénhuà, yǒu jīngjì, yǒu tǐyù.
助力， 在 这 座 桥 上 有 文化、 有 经济、 有 体育。

Nàme, dāng Yáo Míng zài nián tuìxiū hòu, lánqiújiè de "Yáo
那么， 当 姚明 在 2011 年 退休 后， 篮球界 的 "姚

Míng wángcháo" jiéshù le, ér Lín Shūháo de shídài zé zhèng yào kāishǐ.
明 王朝" 结束了， 而 林书豪 的 时代 则 正要 开始。

姚明(Yáomíng)是因为林书豪的加入而退出(Tuìchū - drop out)火箭队的。**F**

由于姚明所带来的经济效应，让火箭队以及火箭队的其他队员赚了(Zhuàn le - made)不少钱。**T**

虽然林书豪出生在美国，是"纯美国制造(Chún měiguó zhìzào)"，但是他的习惯(Xíguàn - habits)和思维(Sīwéi - thinking)方式与在中国训练(Xùnliàn - training)的姚明一模一样。**F**

林书豪在亚洲的人气比在美国要旺很多。**F?**

林书豪将会和姚明一样，将中美文化，经济，体育等方面紧紧(Jǐn jǐn - tightly)地联系(Liánxì - link)在了一起。**T**

Yuèdú hòu lǐjiě tǎolùntí
阅读 后 理解 讨论题

....

1. ❖ Yáo Míng hé Lín Shūháo de xùnliàn fāngshì, xìnyǎng, sīwéi
姚 明 和 林 书 豪 的 训练 方式、信仰、思维

fāngshì hé yǐngxiǎnglì yǒu shénme bùtóng de dìfāng?
方式 和 影响力 有 什么 不同 的 地方？

How do Yao Ming and Jeremy Lin's training, faith, ways of thinking, and influence differ?

2. ❖ Yǒu rén shuō: "Lín Shūháo yǐjīng qǔdài Yáo Míng, chéngwéi
有人 说："林 书 豪 已经 取代 姚 明，成为 NBA

Yàzhōu jùxīng," yě yǒu rén shuō: "Yáo Míng bùkě qǔdài,
亚洲 巨星"；也 有 人 说："姚 明 不可 取代，

Lín Shūháo hái xū jiǎnyàn." nǐ rènwéi ne?
林 书 豪 还 需 检验。"你 认为 呢？

Some say, "Jeremy Lin has replaced Yao Ming as the Asian superstar in the NBA." Others say, "Yao Ming is irreplaceable. Jeremy Lin still needs to be tested." What do you think?

3. ❖ Nǐ rènwéi Xiūshìdùn Huǒjiànduì gěi Lín Shūháo sānnián liǎngqiān
你 认为 休士顿 火箭队 给 林 书 豪 三年 两千

wǔbǎiwàn de héyuē shì bùshì zhèngquè de juédìng? Wèishénme?
五百万 的 合约 是 不是 正确 的 决定？ 为什么？

Do you think the Houston Rockets made the right decision in giving Jeremy Lin a $25 million three-year contract? Why?

Jeremy Lin and Yao Ming | **67**

4. ❖

Wèishénme xǔduō Zhōngguó pǐnpái yào zài Xiūshìdùn de Fēngtián

为什么 许多 中国 品牌 要 在 休士顿 的 丰田

Qiúchǎng zuò zhōngwén guǎnggào?

球场 做 中文 广告?

Why do many Chinese brands have advertisements in the Houston Toyota Center?

5. ❖

Lín Shūháo de zhōngwén nénglì zěnmeyàng? Nǐ juéde tā de

林书豪 的 中文 能力 怎么样? 你 觉得 他 的

zhōngwén nénglì hé tā zài Zhōngguó shòu huānyíng de chéngdù

中文 能力 和 他 在 中国 受 欢迎 的 程度

yǒuguān ma? Wèishénme?

有关 吗? 为什么?

How well does Jeremy Lin speak and understand Chinese? Do you think his ability with the Chinese language will affect his popularity in the Chinese market? Why?

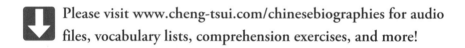 **Please visit www.cheng-tsui.com/chinesebiographies for audio files, vocabulary lists, comprehension exercises, and more!**

Dì bā zhāng

第八章

8

Hāfó   Xiǎozi: Dǎzào xīn Yàyì   chuánqí

❖ 哈佛 小子：打造 新 亚裔 传奇 ❖

The Harvard Kid: Creating a New Asian Legend

阅读 前 讨论题：

1. ❖ Nǐ kěyǐ xiǎngdào yīxiē Yàyì de yùndòng míngxīng ma?
   你 可以 想到 一些 亚裔 的 运动 明星 吗？

Can you think of some Asian sports stars? Which ones come to mind?

2. ❖ Lín Shūháo xiāngduì jiào ǎi, nǐ rènwéi zhè shì yǒu qiánlì de
   林书豪 相对 较矮，你 认为 这 是 有 潜力 的
   qiúyuán dōu kěyǐ kèfú de zhàng'ài, háishì Lín Shūháo shì yī gè
   NBA球员 都 可以 克服 的 障碍，还是 林书豪 是 一个
   tèlì? Wèishénme?
   特例？ 为什么？

When considering something like Jeremy Lin's relatively short height, do you see that as a barrier that prospective NBA players can overcome, or do you think Lin is the exception? Why?

3. ❖ Nǐ rènwéi "Lín lái fēng" hòu, Měiguó de Huárén fùmǔ huì
   你 认为 "林来疯" 后，美国 的 华人 父母 会
   bùhuì gèng duō de gǔlì háizi cānjiā yùndòng? Wèishénme?
   不会 更 多 地 鼓励 孩子 参加 运动？ 为什么？

After "Linsanity," do you think Chinese–American parents will encourage their children to participate more in sports? Why?

哈佛 小子 林 书 豪 的 故事 振奋人心，让 许许多多

美籍 华裔 看到了 希望。以前 虽然 有 王 治郅、姚 明、

易 建联 等 中国 巨人 在 NBA 展露头角，但 林 书豪

的 崛起 在 美国 华人 中 的 影响 则 更为 深远。

亚裔 球员 要 在 体坛 出头 并不 容易，除了 要 克服

体能 限制，还有 外界 的 刻板印象。亚裔 给 人 的

刻板印象之一 就是 身材 不 高。美国 男性 的 平均 身高

是178公分，而 在 中国，男性 的 平均 身高 是170公分。

许多 华人 家庭 鼓励 孩子 读书，争取 好 成绩 上

好 大学，只有 少数 华人 家长 支持 孩子 成为 职业

球员。林 书豪 没有 高壮 的 身材，但是 他 的

努力 激励了 所有 的 人。打 篮球 要 长 得 高，这

对 许多 想要 成为 职业 球员 的 人 而言，成了 难以

突破 的 障碍。因为 林书豪 实在 太 想 长 高 了，

所以 小时候 把 牛奶 当 水 喝。早上 是 玉米片

配 牛奶，午餐 也 配 牛奶，晚上 又 喝 好 几 杯。他

每天 早上 醒来 都 会 量 身高。

在 美国 的 运动 史 上，非常 少 有 华裔 运动员，最

有名 的 华裔 运动员 是 1989 年 赢得 法国 网球 公开赛

的 张 德培 (Michael Chang)。他 17 岁 时 拿到 了 史无前例 的

冠军，震撼 了 整个 美国 亚裔 社会。之后 又 有 华裔

花样 滑冰 选手 关 颖珊 (Michelle Kwan)、日裔 花样 滑冰

选手 山口·克莉丝蒂 (Kristi Yamaguchi)、韩裔 高尔夫球

选手 魏 圣美 (Michelle Wie) 等。

在 美国 的 媒体 上，亚裔 的 形象 曾经 是 一 个

"外国人"，但是 这个 情况 已经 得到 改善。例如，ESPN

把 尼克斯队 输 球 归咎 于 林书豪 时 用了 "盔甲 上 的

裂缝"(Chink in the armor) 一词，"chink" 也有 "中国佬"

的意思，是 辱骂 华裔 的 歧视 语句。亚裔 社团 迅速

反应，这个 标题 在 网站 上 出现了 35 分钟 后 就 被

撤下，该 媒体 迅速 道歉，写 这篇 文章 的 记者

也马上被解雇。除了 亚裔 社团 迅速 反应，要求 道歉

以外，林书豪 在 中国 和 美国 的 经济 利益 也 是 不容

忽视的。过去 五十 年来，许多 美国 媒体 上 的 亚裔 男性

形象 是 书呆子 或者 功夫 师傅。许多 亚裔 选择 当

医生、律师、工程师，学 钢琴、小提琴 等 乐器，

很 多 人 可以 上 常春藤 大学，但 只有 少数 人

选择 当 运动员。林 书豪 不但 有助于 打破 这 种

刻板印象，也 鼓励 更多 亚裔 参与 竞技 体育。

2012 年 4 月 18 日 的《时代》杂志 公布了 全球 百

位 最 有 影响力 人物 的 名单，林书豪 荣登 首位。

The Harvard Kid: Creating a New Asian Legend | **73**

《时代》杂志指出，林书豪的故事是各地儿童和青少年的典范。他通过一步一步的努力而成功。他努力打球而且态度谦卑，他的生活态度、打球技巧都值得大家敬重和效法。在面对种族歧视问题时，他也直言不讳，他说："希望有更多的人来打破这些限制，大家明天都会更好。希望未来能见到更多亚洲人或是亚裔美国人打入美国职篮。"

亚裔球员想要在体坛出人头地，只要克服(Kèfú - overcome)身体体能限制(Xiànzhì - limits)就能成功。F

林书豪从小就知道自己从基因上看(Jīyīn shàng kàn - genetically)，要长高的可能性不大，因此他通过后天的不断(Duàn)努力，终于(Zhōngyú)长到了191公分. T

在美国运动史上(Shǐshàng - history)，早就已经有很多很有名的华裔运动员了。 F

林书豪的成功，改变(Gǎibiàn)了人们对美国亚裔男性(性)的刻板印象(Kèbǎn yìnxiàng - stereotype)，也让美国亚裔进入一个黄金时期(Huángjīn shíqí - golden age)。 T

林书豪是通过自己一步一个脚印(Jiǎoyìn - footprint)的努力而成功的，因此成为了各地孩童及青少年的好榜样(ban yang - example)。 T

Yuèdú hòu lǐjiě tǎolùntí
阅读后 理解 讨论题

....

Měiguó lìshǐ shàng yǒuguò nǎxiē Yàyì yùndòngyuán?
1. ❖ 美国 历史 上 有过 哪些 亚裔 运动员？

Who are some Asian athletes in American history?

Zài guòqù de wǔshí nián zhōng, Měiguó méitǐ zhōng de Huáyì
2. ❖ 在 过去 的 五十 年 中，美国 媒体 中 的 华裔

nánxìng shì shénme xíngxiàng? Huáyì nǚxìng shì shénme xíngxiàng? Qǐng
男性 是 什么 形象？华裔 女性 是 什么 形象？请

jǔlì.
举例。

In the past fifty years, how has the American media portrayed
Chinese males? Chinese females? Please give examples.

Dú wán Lín Shūháo de gùshì, nǐ cóng tā de shēnshang xué dào
3. ❖ 读完 林 书豪 的 故事，你 从 他 的 身上 学到

shénme? Qǐng hé nǐ de tóngxué fēnxiǎng.
什么？请 和 你 的 同学 分享。

What have you learned from reading Jeremy Lin's story? Discuss
this with your classmates.

**Please visit www.cheng-tsui.com/chinesebiographies for audio
files, vocabulary lists, comprehension exercises, and more!**

在这个例子中,练习和读书都
需要时间。在这个世界上,每个人
每天就有二十四小时.把什么
都做好就是很又佳的。如果
有人说他所有方面都做得很好,
我猜想他一定是每个事情做得
一般,或者是他们在撒谎。
在生活中,每个方面做得好不
重要.找到你在生活中享受的
东西更为重要.我觉得你将真正
成功地成为你真正感兴趣的
主题。

Epilogue

Lín Shūháo zài lánqiú dàolù shàng jīngshòu guò hěn duō de cuòzhé. Tā de
林书豪在篮球道路上经受过很多的挫折。他的

jīnglì duì xǔduō rén lái shuō fēicháng lìzhì: Shēntǐ tiáojiàn
NBA 经历 对 许多 人 来 说 非常 励志：身体 条件

yībān, yě cóng bù bèi rén kàn hǎo de tā, yīkào qínfèn hé jiānchí
一般，也 从 不 被 人 看 好 的 他，依靠 勤奋 和 坚持

búxiè de nǔlì, zài sàichǎng shàng zuìzhōng zhànyǒu yīxízhīdì.
不懈 的 努力，在NBA赛场 上 最终 占有 一席之地。

Cóng "Lín láifēng" kāishǐ, Lín Shūháo chéngle wúshù qiúmí xīnzhōng de
从 "林来疯" 开始，林书豪 成了 无数 球迷 心中 的

ǒuxiàng. qiújì, Lín Shūháo zhèngshì jiārù húréndduì.
偶像。2014-2015 球季，林 书豪 正式 加入 湖人队。

nián yuè zhīhòu, tā chéngwéi zìyóu qiúyuán, jiārù Xiàluòtè
2015 年 7 月 之后，他 成为 自由 球员，加入 夏洛特

Huángfēngduì. Zuòwéi lánqiú yùndòng de xíngxiàng dàshǐ,
黄蜂队 (Charlotte Hornets)。作为 篮球 运动 的 形象 大使，

Lín Shūháo jījí de tuīguǎng qīngshàonián lánqiú yùndòng.
林 书豪 积极 地 推广 青少年 篮球 运动。

Chángqī yǐlái, Měiguó yǒuzhe quán shìjiè zuì wánshàn de shāngyè
长期 以来，美国 有着 全 世界 最 完善 的 商业

tǐyù móshì, zhíyè tǐyù zài zhèlǐ nénggòu dédào chōngfèn de
体育 模式，职业 体育 在 这里 能够 得到 充分 地

发展。许多 政府 机构 或 企业 为了 鼓励 青少年 更

多 地 参与 体育 活动，请 球星 担任 形象 大使，共同

开展 公益 活动。作为 篮球 明星，林 书豪 曾 在 2012

年 和 奥巴马 总统 一起 拍摄 公益 广告，呼吁 停止 对

女性 施暴。2014 年 林 书豪 还 参与 "冰桶 大挑战"

(Ice Bucket Challenge)，为 渐冻人 基金会 募款。在

中国，林 书豪 也 积极 参与 公益 事业。2015 年 6 月，

他 在 北京 宣武 培智 学校 为 特需 儿童 展示 篮球

技能，并 对 其 进行 篮球 辅导。他 给 孩子们 讲 自己

如何 追求 篮球 梦想 的 故事。

能够 达到 今天 的 高度，林 书豪 认为 自己 非常

幸运。能够 对 别人 产生 积极 的 影响 和 积极 回馈

社会，他 感到 自己 的 付出 都 是 值得 的。

Bibliography

1. Arias, Alberto. "Super LINtendo." http://www.gothictimes.net/2012/03/08/super-lintendo

2. Dalrymple, Timothy. *Jeremy Lin: The Reason for the Linsanity*. New York: Center Street, 2012.

3. Leitch, Will. "Rocket Man." *GQ*, November 2012.

4. Mair, Victor. "Linsanity." http://languagelog.ldc.upenn.edu/nll/?p=3772

5. Pew Social Trends. "The Rise of Asian Americans." http://www.pewsocialtrends.org/2012/06/19/the-rise-of-asian-americans/

6. "Tim Tebow Discusses 'Tebowing' in Super Bowl." http://www.youtube.com/watch?v=3ngeMsyG8iw

7. Torre, Pablo S. "A Run Like No Other." *Sports Illustrated*, February 27, 2012.

8. "姚明效应互动百科" http://www.baike.com/wiki/姚明效应

9. Yorkey, Mike. *Linspired: Jeremy Lin's Extraordinary Story of Faith and Resilience*. Michigan: Zondervan, 2012.

About the *Chinese Biographies* series

The six-volume *Chinese Biographies* series uses natural, authentic language to chronicle the lives of modern-day, Chinese-speaking pop culture icons. Now offered in two equally helpful versions:

1) Simplified Characters with word-by-word *pinyin* annotations to give students a better understanding of how Chinese characters come together to form words and sentences, and

2) Simplified Characters without *pinyin* annotation.

This flexibility allows teachers and students to choose what learning style best fits the class, the student, or even the day!

Ideal for both classroom instruction and independent study, students will enjoy learning about world-renowned individuals while practicing reading skills.

Visit the *Chinese Biographies* companion website for a rich array of tools and resources to support instruction and practice for each chapter.
www.cheng-tsui.com/chinesebiographies

- Audio
- Comprehension exercises
- Vocabulary lists
- Crossword puzzles
- Grammar notes
- Sentence patterns
- *Pinyin* annotation
- English translation

More Readers from Cheng & Tsui

Tales and Traditions, Volumes 1–4
Readings in Chinese Literature Series
Compiled by Yun Xiao, et al.

Read level-appropriate excerpts from the Chinese folk and literary canon. Ideal for AP* preparation.

Volume 1: 9781622911158   Volume 3: 9780887276828
Volume 2: 9781622911165   Volume 4: 9780887276811

*Advanced Placement and AP are registered trademarks of the College Board, which was not involved in the production of, and does not endorse, this product.

Readings in Chinese Culture Series, Volumes 1–5
By Weijia Huang, Qun Ao

Increase reading and cultural proficiency with original, level-appropriate essays about ancient and contemporary Chinese culture.

1: The Sky Is Bright with Stars   9780887278181
2: How Far Away Is the Sun?   9780887275357
3: The Moon Is Always Beautiful   9780887276378
4: Where Does the Wind Blow?   9780887278815
5: Watching the Clouds Go By   9781622910557

Visit **www.cheng-tsui.com** for more information.